Victor Hehn wurde am 8. Oktober 1813 in Dorpat geboren und ist am 21. März 1890 in Berlin gestorben.

Mit seinen *Gedanken über Goethe* begründete er neben Herman Grimm das deutsche Goethe-Verständnis des 19. Jahrhunderts und nahm zugleich schon moderne Methoden der Rezeptionsforschung vorweg. Sein *Italien*-Buch galt und gilt noch heute als »das Geistvollste und Schönste, was seit Goethe deutscherseits über Italien gesagt worden ist«. Als vielbelesener Kulturhistoriker zeigte er sich vor allem in seinem wissenschaftlichen Hauptwerk über *Kulturpflanzen und Haustiere in ihrem Übergang aus Asien nach Griechenland und Italien sowie in das übrige Europa* (1870). Er deutet darin die heutige Vegetation der beiden Mittelmeerländer – Olivenhaine, Weinstöcke, Feigenbäume, Pinien und Zypressen, alles das auch, was seit Goethes Mignon-Lied zum Inbegriff deutscher Italien-Sehnsucht wurde – als Ergebnis einer vom Osten ausgehenden Kulturwanderung, als Werk des bebauenden, pflegenden und veredelnden Menschen, also als ›cultura‹ im eigentlichen Sinn des Wortes. Die stilistische Eleganz, die alle Arbeiten Hehns auszeichnet, hatte schon Hugo von Hofmannsthal bewogen, das Kapitel über die Dattelpalme in sein *Deutsches Lesebuch* aufzunehmen. Die vorliegende Auswahl enthält neben allgemeinen Betrachtungen die Kapitel über den Weinstock, den Feigenbaum und den Ölbaum, die auch in Hehns Buch einen engen gedanklichen Zusammenhang bilden. »Victor Hehn ist wiederzuentdecken.« *Neue Zürcher Zeitung* insel taschenbuch 1427

Victor Hehn

Olive, Wein und Feige

Victor Hehn

Olive, Wein und Feige

Kulturhistorische Skizzen
Mit farbigen Abbildungen
Herausgegeben von Klaus von See
unter Mitwirkung
von Gabriele Seidel-Leimbach

Insel Verlag

insel taschenbuch 1427
Erste Auflage 1992
Originalausgabe

Hinweise zu dieser Ausgabe am Schluß des Bandes
Vertrieb durch den Suhrkamp Taschenbuch Verlag
Umschlag nach Entwürfen von Willy Fleckhaus
Satz: Fotosatz Otto Gutfreund GmbH, Darmstadt
Druck: Nomos Verlagsgesellschaft, Baden-Baden
Printed in Germany

1 2 3 4 5 6 – 97 96 95 94 93 92

Inhalt

Vorwort des Herausgebers

Das vorliegende kleine Buch will nicht verleugnen, daß es die Absicht hat, den Appetit seiner Leser anzuregen, und es spekuliert dabei nicht allein, wie der Titel vermuten lassen könnte, auf die Freunde der italienischen Küche. Vielmehr will es vor allem dazu ermuntern, einen zu Unrecht vergessenen Autor des 19. Jahrhunderts wiederzuentdecken. Deshalb das ausführliche Nachwort, das versucht, Victor Hehns Lebenswerk sowohl in seiner thematischen Vielseitigkeit – von Italien- und Goethe-Büchern bis hin zu einer kulturhistorischen Studie über das Salz – als auch in seiner theoretischen Geschlossenheit vorzustellen. Die stilistische Eleganz, die den speziellen Reiz aller Arbeiten Hehns ausmacht, hatte bereits Hugo von Hofmannsthal veranlaßt, in sein *Deutsches Lesebuch* das Kapitel über »Die Dattelpalme« aus Hehns wissenschaftlichem Hauptwerk, dem 1870 erschienenen Buch über *Kulturpflanzen und Haustiere*, aufzunehmen. Hier folgen nun die Kapitel über den Weinstock, den Feigenbaum und den Ölbaum, die auch in Hehns Buch einen engen gedanklichen Zusammenhang bilden. Hinzugefügt sind noch einige Abschnitte, die sich einem allgemeinen und im Augenblick höchst aktuellen Problem widmen, das Hehn lebenslang beschäftigte: den Wechselbeziehungen zwischen »Natur« und »Kultur« – enger gefaßt: zwischen Landschaft und Pflanzenwelt einerseits und der »kultivierenden«, domestizierenden Tätigkeit des Menschen andererseits. Es mag nicht ohne Interesse sein zu hören, was ein fortschrittsbewußter, kosmopolitisch denkender Hegelianer – aller Metaphysik und zugleich aller romantischen Naturschwärmerei abhold – in den mittleren Jahrzehnten des vorigen Jahrhunderts zum Problem des Verhältnisses von Naturnutzung und Naturpflege zu sagen hatte.

Zugrunde gelegt wurden die *Kulturpflanzen und Haustiere* in der 8. Auflage, hg. von Otto Schrader, Berlin 1911 (XXXII, 655 Seiten). Auslassungen im Text sind, soweit es sich nicht um bloße Literaturangaben handelt, durch eckige Klammern und Punkte [...] gekennzeichnet. Die der 8. Auflage beigegebenen »botanischen Beiträge von Adolf Engler und Ferdinand Pax« konnten unberücksichtigt bleiben, denn sie beziehen sich meist auf die Verbreitung der Pflanzen im wilden oder verwilderten Zustand, während es in Hehns Buch eben nicht um die *Natur*geschichte der Pflanzen geht, sondern um deren *Kultur*geschichte.

Einige Schwierigkeiten machten die vielen griechischen und lateinischen Zitate, die den Hehnschen Text zieren. Hehn ist zwar ein Meister des wissenschaftlichen Essays, der ebenso für den Laien wie für den Fachmann schreiben will; aber er rechnet selbst beim Laien mit einem Fundus humanistischer Bildung, den man heutigentags nicht mehr ohne weiteres voraussetzen kann. Die Zitate wurden deshalb durch deutsche Übersetzungen ergänzt oder häufig auch ersetzt, außerdem die griechischen Eigennamen der heute üblichen Transkription angepaßt, die Quellennachweise auf neuere Textausgaben umgetragen und dabei gelegentlich kleinere Versehen Hehns stillschweigend verbessert. Wesentliche

Hilfe bei dieser mühevollen Arbeit verdanke ich der altphilologischen Sachkunde Gabriele Seidel-Leimbachs. Die unauffälligen, die Lesbarkeit fördernden Eingriffe sind umso weniger bedenklich, als der vollständige Originaltext im Nachdruck von 1963 für den wissenschaftlichen Gebrauch zur Verfügung steht. Die vorliegende Auswahl hat, wie gesagt, zunächst nur die Absicht, das Interesse für den Autor selbst zu wecken. Ein Auswahlband mit Texten der beiden Italien-Bücher Hehns und eines Aufsatzes *Über die Physiognomie der italienischen Landschaft* (dazu unten S. 108, 148f.) soll in absehbarer Zeit folgen.

Frankfurt, am 1. März 1992

Klaus von See

Einleitung

Daß die Tier- und Pflanzenwelt, also die ganze ökonomische und landschaftliche Physiognomie eines Landes im Laufe der Jahrhunderte unter der Hand des Menschen sich verändern kann, ist besonders seit der Entdeckung Amerikas ein unwidersprechlicher Erfahrungssatz geworden. Auf den neuentdeckten Inseln und in den von europäischen Ansiedlern besetzten Landstrichen der westlichen Hemisphäre ist während der letztverflossenen drei Jahrhunderte, also in ganz historischer Zeit, nach Erfindung der Buchdruckerkunst und gleichsam unter den Augen der gebildeten Welt, die einheimische Flora und Fauna durch die europäische oder eine aus allen Weltteilen zusammengebrachte verdrängt worden. So hat sich z. B. auf St. Helena die ursprüngliche wilde Vegetation auf den Bergstock im Innern der Insel zurückgeflüchtet, von einer neuen, ringförmig nachrükkenden Flora umgeben, die im Gefolge des Europäers über den Ozean kam. Auch in den Pampas von Buenos Aires sieht das Auge meilenweit fast keine einheimischen Gewächse mehr: sie sind der Usurpation eingeführter europäischer Pflanzen erlegen.

Eine viel weitere, auf zwei bis drei Jahrtausende sich erstreckende Übersicht aber gewährt die Geschichte der organisierten Natur in Griechenland und Italien. Beide Länder sind in ihrem jetzigen Zustand das Resultat eines langen und mannigfachen Kulturprozesses und unendlich weit von dem Punkte entfernt, auf den sie in der Urzeit von der Natur allein gestellt waren. Fast alles, was den Reisenden, der von Norden über die Alpen steigt, wie eine neue Welt anmutet, die Plastik und stille Schönheit der Vegetation, die Charakterformen der Landschaft, der Tierwelt, ja selbst der geologischen Struktur, insofern diese erst später durch Umwandlung der organischen Decke hervortrat und dann die Einwirkungen des Lichtes und der atmosphärischen Agentien erfuhr, sind ein in langen Perioden durch vielfache Bildung und Umbildung vermitteltes Produkt der Zivilisation. Jeder Blick aus der Höhe auf ein Stück Erde in Italien ist ein Blick auf frühere und spätere Jahrhunderte seiner Geschichte. Die Natur gab Polhöhe, Formation des Bodens, geographische Lage: das übrige ist ein Werk der bauenden, säenden, einführenden, ausrottenden, ordnenden, veredelnden Kultur. Die zwischen Festland und Insel die Mitte haltende Konfiguration des Landes, das gemäßigte mittlere Klima, die Mannigfaltigkeit der historischen Verhältnisse, in der Urzeit die mehrmals wiederholte Einwanderung von Norden, der tyrische Seeverkehr, die griechischen Kolonien, die Nähe des gegenüberliegenden Afrika, die sich ausbreitende, alle Gaben und Künste des Orients hinüberleitende römische Weltherrschaft, dann die Völkerwanderung von Nordosten, die Herrschaft der Byzantiner und Araber, die Kreuzzüge, die Verbindung italienischer Seestädte mit der Levante, endlich nach Entdeckung Amerikas die enge politische Verbindung mit Spanien – aus diesen und anderen Umständen und Schicksalen ist das Land hervorgegangen, wo im dunklen Laub die Goldorangen glühn und die Myrte still und hoch der Lorbeer steht. Die Agave americana und der Opuntienkaktus, diese blaugrünen Stachelpflanzen, die alle Ufer des Mittelmeeres überziehen und so wunderbar zur südlichen Felsennatur und Gartenwirtschaft stimmen, sie sind erst seit dem sechzehnten Jahrhundert aus Amerika herübergekommen! Diese Zypresse neben dem Hause des Winzers, einsam und düster die ringsum verworren sich ausbreitende Fruchtfülle überragend, sie hat ihre Heimat auf den Gebirgen des heutigen Afghanistan, diese eigensinnig gewundenen, mit fließendem grauem Laube bedeckten Oliven, sie stammen aus Palästina und Syrien, diese Dattelpalmen im Klostergarten von S. Bonaventura in Rom, ihr Vaterland ist das Delta des Euphrat und Tigris! So echte Kinder hesperischen Bodens und Klimas diese und andere Kulturpflanzen uns jetzt erscheinen, so sind sie doch erst im Laufe der Zeiten und in langen Zwischenräumen *gekommen*. Oft liegt ihre Geschichte mehr oder minder deutlich vor, oft aber muß sie aus zerstreuten und zweifelhaften Angaben zusammengelesen oder nach Analogien erraten werden.

Vielleicht aber wäre diese Umwandlung, so wie sie jetzt vorliegt, nichts als Verderbnis, Ausnutzung, versiegte Lebenskraft? Historische Mystiker haben nicht verfehlt, diese romantische, d. h. kulturfeindliche Ansicht auszusprechen: Wie unser Geschlecht überhaupt von einem edleren Urzustand herabgekommen ist, wie wir die Werke Gottes nur zu vernichten verstehen, wie jedes Land und Volk seine Zeit hat, derselbe Prozeß sich an jedem der Reihe nach wiederholt, die Geschichte also nur ein immer wiederkehrender Naturvorgang ist, dem zuletzt durch die Wiederkunft des Herrn und das Gericht ein Ende gemacht wird – so sind auch die klassischen

Länder physisch abgelebt, ihre natürliche Ordnung zerstört, ihr Boden durch Aufsaugung der Kultur erschöpft und verbraucht. Inbetreff Griechenlands hat diese Meinung auf den ersten Blick allerdings einigen Schein [. . .]. Daß Griechenland jetzt weniger belaubt ist als zu Homers und vor Homers Zeit ist sicher; daß aber z. B. die Peloponnes in manchen Gebirgsgegenden jetzt dichtere Eichen- und Fichtenwälder trägt als damals, wo das Land bevölkert und mit Städten besät war, ebenso daß Attika schon zu Perikles' und zu Alkibiades' Zeit dürr war wie heute – ist gleichfalls unleugbar. Der Ilissos heißt bei Plato auch nur ein »Wässerlein« und erst durch Peisistratos soll das bis dahin kahle baumlose Attika mit Ölbäumen bepflanzt worden sein.

Waldzerstörung ist eine Phase, aber nicht das letzte Wort der Kultur. Wenn auf einem jungfräulichen Boden eine Menschengesellschaft die ersten Schritte zur Bildung tut, da muß der Urwald dem nächsten Bedürfnis weichen, da wird an Wahl und Schonung nicht gedacht. Jeder schöpft nach Belieben aus dem unermeßlichen Vorrat, der wie die Luft allen gleich geschenkt ist. Ja, der Ausroder des Waldes erscheint auf dieser Stufe als ein Wohltäter und hilfreicher Heros. In den Wald vorzudringen war in jenen Urzeiten in der Tat schwieriger, als man jetzt denkt, ein Werk, das fast übermenschliche Anstrengungen forderte. Theophrast erzählt von einem Versuch der Römer, auf der Insel Korsika eine Niederlassung zu gründen, der aber an der Undurchdringlichkeit des Waldes scheiterte: die Ankömmlinge wurden vom Dickicht sozusagen zurückgeschlagen. Belehrend in dieser Hinsicht ist auch die Stelle des Strabo: »Eratosthenes sagte (zunächst von der Insel Zypern, aber der Vorgang ist typisch), Wald habe vor Alters alle Ebenen bedeckt und den Anbau gehindert; der Bergbau habe ihn ein wenig gelichtet; dann sei die Schiffahrt gekommen, die gleichfalls viel Holz verbraucht habe; da aber auch damit die Wildnis nicht bezwungen worden, habe man jedem erlaubt, niederzuhauen und sich anzusiedeln, wo er wolle, und ihm das also gewonnene Stück Land als sein steuerfreies Eigentum zugesprochen.« Und erst diese letzte Maßregel – setzen wir in seinem Sinne hinzu – schuf Licht und Kultur. Je weiter der Wald sich zurückzog, desto freundlicher wurde die Natur, desto mannigfaltiger ihre Gaben an Kräutern und Früchten, denn der ununterbrochene Urwald duldete auf dem mit Fichtennadeln oder gerbstoffhaltigen Blättern bedeckten, ewig beschatteten Boden nur eine beschränkte und einförmige Vegetation. Erst lange nachher kehrt sich nach dem Gesetz der drei Momente dies Verhältnis um: der Mangel an Holz, an Schatten und Feuchtigkeit erweckt die Klage nach der entschwundenen Naturfrische; es regt sich gleichsam das Gewissen; jetzt wird mit bewußter Absicht dem Walde sein Bestehen innerhalb gewisser Grenzen gesichert oder, da wo er ganz fehlt, Anpflanzung unternommen, wie schon heute in mehreren europäischen Staaten geschieht. Ehe aber rationelle Wirtschaft wiedergutmachen kann, was vorausgegangene Generationen unbefangen verdorben haben, tritt häufig aus anderen historischen Gründen Verwilderung ein, so daß das Land teils als wie von der Kultur verbraucht, teils als der blinden menschenfeindlichen Natur anheimgefallen (z. B. durch Versumpfung) sich darstellt – auf welchem Punkte Griechenland jetzt steht. Zu keiner Zeit aber ist dies Land feucht und dunstig, wie England, gewesen, immer lag es Afrika nahe und schon die Alten haben Ziegen gehalten, Zisternen angelegt und künstlich bewässert.

Von [Carl] Fraas hat sich wohl E. Curtius imponieren lassen, wenn er in der Einleitung zu seiner Bereisung der Peloponnes auf Griechenlands physische Natur so düster und hoffnungslos blickt. Daß sich bei den Philosophen, namentlich Plato, Stellen finden, nach denen die Erde und insbesondere Hellas als gealtert, als bloßes einst bekleidetes Totengebein erscheint – was will das sagen? Plato war seinem ganzen Charakter nach ein elegischer Idealist, und Seneca, wenn er den Ausdruck »Altersschwäche des Erdbodens« (*loci senium*) gebraucht, erscheint auch hierin als Vorläufer des Christentums. Ist es nicht auch bei uns ein allgemein verbreitetes Gefühl und hört man nicht oft genug sagen, daß das Klima sich verändert habe, daß in den Jugendtagen des Sprechenden die Menschen kräftiger und gesünder, der Boden ergiebiger usw. war? Der alte Schiffer, mit dem Julius Fröbel die Überfahrt von New York nach Chagres machte, behauptete sogar, die Passatwinde hätten während seiner Lebenszeit an Regelmäßigkeit eingebüßt. Aus der zunehmenden Schlechtigkeit der Welt hat man unzählige Male das bevorstehende Ende aller Tage gefolgert. Lasaulx, ein anderer Münchener Romantiker, prophezeite vor nicht langer Zeit den Untergang der westeuropäischen Zivilisation (der ihm einerlei war mit dem der Kirche) und setzte schon die Slaven als Erben ein.

Solchen Stimmungen und Phantasien gegenüber gibt

es jetzt Widerlegungsgründe, die den älteren Zeiten nicht zu Gebote standen, nämlich die Zahlen der Statistik und die Rechnungen der Naturwissenschaft. E. Curtius schließt mit den Worten: »Ein Teil dieser Übelstände (die durch Ausrodung der Wälder sich ergeben haben) kann wieder gehoben werden, wenn von neuem die gestörte Ordnung der Natur hergestellt wird. Andere Schäden kann keine zweite Kultur ersetzen, so wenig wie im organischen Leben erstorbene Kräfte durch Kunst wieder erzeugt werden können.« Welches sollen diese unersetzlichen Schäden sein? Humuserde kann im Terrassenbau auf die Berge geschafft, stockende Flüsse können gereinigt, dürre Heiden bewässert, versumpfte Ebenen durch Kanalbauten entwässert werden; die Wälder würden, wenn man sie gegen Ziegen und die Feuer der Hirten schützte, in diesem glücklichen Klima und nicht allzulanger Zeit wieder die Abhänge der Berge bedecken. Was wäre dem Kapital hier unmöglich und welche Kräfte wären hier auf immer erstorben? Die allgemeinen Naturverhältnisse, deren der Mensch nicht Herr werden kann, bestanden im frühesten Altertum wie jetzt. Die Fluten plötzlich einbrechender Gewitterstürze z. B. werden sich immer zerstörend ins Tal stürzen, Bäume und Felsen mit sich fortreißen, wie in Homers Zeit, und wenn sie abgeflossen, sogenannte Rheumata oder Fiumaren, d. h. trockene Kiesgründe hinterlassen, Dinge, die in den Ebenen Mitteleuropas, wo der Regen oft tagelang vom grauen Himmel träufelt, nicht zu befürchten sind. Was sich nordischen Reisenden, die ein ideales Griechenland in der Vorstellung mitbringen, als Verderbnis *in der Zeit* darstellt, ist zum Teil Charakter südlicher Länder und Klimate *überhaupt*. Die Mängel, über die geklagt wird, sind mit allem Zauber und Segen dieser der Sonne näher liegenden Gegenden unauflöslich verknüpft. Man überschätze auch nicht den Einfluß der Wälder auf das Klima. Es ist damit gegangen, wie oft mit neuen Gesichtspunkten: man pflegt sie allzu ausschließlich geltend zu machen. In dem vorliegenden Falle kam noch das Interesse poetischer Gemüter und besonders das des feudalen Adels hinzu, der für größere Besitzstücke kämpfte, sein Jagdrevier nicht missen wollte und diesmal so glücklich war, mit den neuen Lehren der Bodenwirtschaft und Nationalökonomie Chorus machen zu können. In der Tat aber hängen die klimatischen und Witterungsverhältnisse der europäischen Länder im großen gar nicht von der Pflanzendecke des Bodens ab, sondern nächst der geographischen Breite von weitgreifenden meteorologischen Vorgängen, die von Afrika und dem Atlantischen Ozean bis zum Aralsee und Sibirien reichen.

Umsichtiger als Fraas hat Franz Unger die Frage, ob der Orient von seiten seiner physischen Natur einer Wiedergeburt fähig sei, mit ja beantwortet (Wissenschaftliche Ergebnisse einer Reise in Griechenland und in den ionischen Inseln, Wien 1862, S. 187 ff.). Unger widersetzt sich auch der Annahme, als gebe es einen Marasmus senilis der Natur und als grabe die Zivilisation sich ihr eigenes Grab. Man bilde nur die Menschen um, die diesen Boden bewohnen: der Boden selbst hat von seiner schöpferischen Kraft nichts eingebüßt; er verlangt nur Schonung und Nachhilfe. Könnten z. B. nur die Ziegenherden verringert oder zu Hause gefüttert werden, so würde sich die Strauchvegetation in kräftigen Wald verwandeln und die Trockenberge sich wenigstens mit Gestrüpp bekleiden, ohne irgendeine künstliche Pflanzung oder Terrassierung. Die Strandkiefer und Quercus aegilops würden bald nicht mehr die einzigen Bäume sein, die dem Reisenden auf Ausflügen in Griechenland begegnen. Wieviel Menschenalter nötig wären, den Orient wieder zu belauben, ist schwer zu bestimmen, doch ist unter diesem Himmel die Zeugungs- und Heilkraft der Natur erstaunlich. Und wie mit der Vegetation steht es auch mit manchen anderen Einbußen, die das Land seit dem Altertum erlitten hat. Manche Häfen z. B., die die Alten benutzten, sind jetzt versandet, aber dafür gibt es andere, noch schönere, die der kleinen Schiffahrt der Alten zu groß und tief waren, aber den jetzigen Mitteln und Maßstäben gerade entsprechen.

Man sieht, ob Griechenland, Kleinasien, Syrien, Palästina, diese jetzt so verwahrlosten Länder, einer neuen Blüte sich erfreuen sollen, hängt allein von dem Gange der Welt- und Kulturgeschichte ab: die physische Natur würde kein unübersteigliches Hindernis in den Weg stellen. Auch liegt dem Urteil, daß diese Gegenden für immer ausgenutzt seien, keine wirtschaftliche oder naturwissenschaftliche Beobachtung, vielmehr nur falsche geschichtsphilosophische Theorie zugrunde.

Von einem andern, aber gleich trüben Gesichtspunkt aus haben Jünger einer neueren Wissenschaft, der Agrikultur- und Bodenchemie, dem Orient und den Ländern um das Mittelmeer das Urteil gesprochen und schon die Totenklage angestimmt: Der Ackerbau, Jahrhunderte und Jahrtausende fortgesetzt, erschöpft den Boden und zwingt den Menschen, in ein frisches Land zu wandern. Die Stoffe, die zum Wachstum der Pflanzen und zur Fruchtbildung nötig sind, Alkalien, phosphorsaure Salze usw., sind auf einer gegebenen Bodenfläche nur in einem gewissen begrenzten Maße vorhanden; ist durch lange aufeinanderfolgende Ernten dieser Vorrat verbraucht und dieses Maß erreicht, so trägt der Acker keine Frucht mehr, wie ein ausgebeutetes Bergwerk kein Metall mehr liefert [. . .].

Ist dieser Gedankengang richtig, so steht der ganzen Erde dasselbe Geschick bevor, das die Länder des Altertums bereits betroffen hat. Auch England wird keinen Weizen mehr tragen, wie einst auch sein Kohlen- und Eisenvorrat erschöpft sein wird; dann wird Mexiko noch fruchtbar sein, für welches aber auch der Tag der ewigen Ruhe kommen wird; und so weiter durch alle Länder beider Hemisphären durch. Und was der Mensch durch seine Nutzung nur beschleunigt, das muß auch auf dem Wege des natürlichen Pflanzenlebens, auch wenn es nie einen Menschen gegeben hätte, als letzte Folge sich ergeben. Dann wird auch, setzen wir noch hinzu, alles Gebirge auf Erden durch die Kraft der Wasser und Winde und der Verwitterung geebnet sein und die Sonne, die immerfort Wärme abgibt, ohne daß ihr die verlorene durch irgend etwas, soviel wir wissen, ersetzt wird, tot und kalt sein und mit ihr die Erde und der Mensch. Glücklicherweise können wir die Zeit, in der dies alles sich vollziehen wird, auch nicht annähernd berechnen und haben unterdes Muße, abzuwarten, ob in unserer Schlußkette sich nicht irgendein Glied als unhaltbar erweist und damit die ganze Voraussage trügerisch und zur hypochondrischen Chimäre wird. So sind schon jetzt an mehr als einem Punkte der Erde unerschöpfliche Lager von Phosphoriten entdeckt worden, geeignet den Boden ganzer Länder für unabsehbare Zeiten zu befruchten. Sollte nicht in näherer oder fernerer Zukunft die Kraft der raumbewältigenden Mechanik so gewachsen sein, daß von solchen lokalen Anhäufungen auch weiter abliegende Gegenden einen neuen Boden und mit ihm eine neue Energie des Pflanzenlebens beziehen könnten?

Was auf diesem Wege einst möglich sein wird, das besitzen die Länder um das Mittelmeer zum Teil schon jetzt an ihrer gebirgigen, reich gegliederten Bodengestalt und an der seit uralter Zeit an dieselbe sich knüpfenden *Irrigation.* Denn während in den Kornebenen des europäischen Wald- und Steppengebietes die Meteorwasser den Acker nur tränken, ohne seine Verluste zu ersetzen, bereichern die von den Bergen stürzenden Quellen die ausgelaugte obere Erdkrume unaufhörlich aus den Schätzen des Erdinnern. Ein lebendiges Beispiel dafür bildet die Lombardei: das Felsengerüste, an das sie sich lehnt, sendet ihr durch die Flüsse und die festen oder aufgelösten Erden, die sie mitführen, immer neue Mineralkräfte zu und erhält sie so fruchtbar wie vor zweitausend Jahren. Was aber die Natur allein nicht leistete, ergänzte der Mensch, von der Not belehrt, mit bewußter Zwecktätigkeit. Im Orient und am Mittelmeer, im Bereiche regenloser Sommer, drohte der Vegetation jedes Jahr während der drei oder vier heißen Monate der Tod durch Verschmachtung. Daher in diesen Ländern seit dem frühen Altertum die Sorge für Bewässerung, die Fassung und Leitung der Quellen, die Kunst waagerechter Verteilung, die Einschnitte in den Rand der Ströme, die Dämme und Durchstiche, die Schöpfräder und Rinnen. So notwendig war unter jenem Himmelsstrich diese Bemühung, daß sie sich von Geschlecht zu Geschlecht fortsetzte und zum bleibenden Naturell und zu angeborener Kunstfertigkeit wurde. Und wenn die künstliche Bewässerung ursprünglich ein Zeichen des sich regenden vorberechnenden Denkens gewesen war, so wurde sie ihrerseits ein mächtiger Anreiz fernerer geistiger Entwicklung. Sie band den Menschen an den Menschen – nicht durch jene dumpfe natürliche Gesellung, die auch die Tiere treibt, herdenweise zu leben, sondern durch freie Gegenseitigkeit, die erste Gemeinde- und Staatenbildung.

Nördlich der Alpen fiel diese Nötigung weg: da siedelte sich der Germane an, wo es ihm beliebte, fragte nicht nach dem Nachbarn und bildete den Charakter persönlicher Eigenheit in sich aus. Selbst in der Neuen Welt währte dies Verhältnis fort, da wo beide Rassen in einer ähnlichen Natur zusammenstießen. In Neu-Mexiko, z. B. am Rio Grande, und in Texas hatten die Spanier meilenweit Bewässerungskanäle gezogen, die die einwandernden angelsächsischen Amerikaner zum Schaden des Landes wieder eingehen ließen. »Den Bewohnern der Vereinigten Staaten ist diese Art des Landbaues fremd, und sie widerstreitet ihrem individualistischen Geiste, da ein größeres Bewässerungssystem nicht ohne eine darauf bezügliche Gesetzgebung und ohne Schmälerung der freien Disposition des Einzelnen auf seinem

Lande denkbar ist« (Fröbel). Ja, ein Amerikaner bemerkt selbst, unter amerikanischen Händen müsse der an Bewässerung gebundene Ackerbau stets darniederliegen, »weil die bei einem solchen System notwendige despotische Verwaltung der Gemeinde zu wenig mit den dortigen Sitten übereinstimmt« (Grisebach). Organisierte Gemeinschaft also erscheint dem sächsischen Stamme als despotisch überhaupt; am Mittelmeer, von Baktrien und Babylonien bis zu den Säulen des Herakles, war sie ein Gebot der Natur und wurde ein Charakterzug der Völker. Abgesehen aber von dieser politisch-sittlichen Wirkung verbürgt die Irrigation auch dem Grund und Boden, solange die Berge stehen und die Wasser rinnen, eine unvergängliche physische Jugend. Wo das Ackerland und die Wiese nur auf die aufsteigenden und niederfallenden Dämpfe des Meeres angewiesen sind, da muß jener Zustand der Erschöpfung viel rascher eintreten, welchem in den Augen besorgter, vielleicht auch hochmütiger Beurteiler die Länder des Altertums schon verfallen sind.

[. . .]

*

Als die große arische Wanderung den beiden Halbinseln, die nachher der Schauplatz der klassischen Bildung wurden, die ersten Bewohner höherer Rasse gab, von denen wir historisch wissen, da waren diese Länder – so dürfen wir uns die Sache denken – von einer dichten, schwer zu durchdringenden Waldung düsterer Fichten und immergrüner oder laubabwerfender Eichen bedeckt, etwa wie Homer sie schildert:

Diese durchatmete nie die Gewalt feuchthauchender Winde,
Noch traf Helios' Leuchte sie je mit den flammenden Strahlen,
Auch kein strömender Regen durchnäßte sie: so ineinander
Wuchs das Gehölz; viel lagen umher der gefallenen Blätter –

dazwischen in den Flußtälern mit offenen Weidestrecken, auf denen die Rinder der Ankömmlinge sich zerstreuten, reich an nackten und kräuterbewachsenen Felsabstürzen, an denen die Schafe rupfend auf- und abkletterten und von deren Gipfel hin und wieder das öde unfruchtbare Meer sichtbar wurde. Das Schwein fand reichliche Eichelnahrung, der Hund hütete die Herde, wilde Bienenstöcke lieferten Wachs und Honig, wilde Apfel-, Birn- und Schlehenbäume boten saure harte Früchte zum Genuß, gegen den Hirsch und Eber, den wilden Stier und den raubgierigen Wolf ward der Pfeil vom Bogen geschnellt oder der mit scharfem Stein bewaffnete Speer geschwungen. Das Jagdtier und das Tier der Herde gab alles Nötige, sein Fell zur Kleidung, seine Hörner zu Trinkgefäßen, seine Därme und Sehnen zu Bogensträngen, sein Geweih und seine Knochen zu Werkzeugen und den Handgriffen derselben; rohes Leder war der vorherrschende Stoff, die beinerne und hörnerne Nadel diente zum Nähen und Befestigen desselben [...].

Der Natur der Sache nach mußte bei einem viehschlachtenden Volke die Kampfsitte blutig und die Strafe grausam sein; Wut und Rache, Raub und Beutegier bildeten die Antriebe, List und Hinterhalt und Überfall, wie auf der Jagd dem Tiere gegenüber, die Formen und Mittel des Krieges; die Gefangenen wurden geschlachtet, wie bei den Kimbern, ja noch den Germanen des Tacitus, die Sklaven zu größerer Sicherheit verstümmelt; der Sieger trank von dem Blute des erlegten Feindes, der Hirnschädel diente ihm beim Schmause zur Schale und zu übermütiger Erinnerung. Greise, wenn sie zum Kampfe kraftlos geworden, gingen freiwillig in den Tod oder wurden gewaltsam erschlagen, ähnlich auch unheilbare Kranke. Bei religiösen Festen und Sühnopfern floß reichlich Menschenblut; dem Häuptling folgten seine Knechte, Weiber, Pferde und Hunde in das Grab nach; die Frau wurde geraubt oder gekauft, das Neugeborene vom Vater aufgehoben oder verworfen und ausgesetzt [. . .]. Wie in der religiösen Anschauung die Verwandlung der Naturmächte in dämonische Personen sich noch nicht vollzogen oder eben erst begonnen hatte, so walteten auch im Zusammenleben der Menschen die unmittelbaren Naturformen: aus dem Familienverbande und der Herrschaft des Patriarchen ging in weiterem Wachstum der erst engere, dann umfassendere Zusammenhang des Stammes hervor. Wörter wie *pólis, populus,* got. *thiuda* usw. sehen wir erst allmählich in das Reich der Freiheit, d. h. zu politischen Begriffen emporsteigen [. . .].

Wir mögen bei den Gräco-Italern jenen halbnomadischen Ackerbau voraussetzen, den wir noch heute bei Beduinen, den Stämmen jenseits der Wolga usw. im Schwange finden. Der Pflug bestand aus einem passend gekrümmten Stück Holz, wie man es in den Wäldern suchte und fand, das *árotron autógyon*, welches noch Hesiod kennt, während die verschiedenen Teile des zusammengesetzten Pfluges, des von Homer und Hesiod genannten *árotron pektón* griechisch und lateinisch ganz verschieden benannt werden und also erst nach der Trennung in den neuen Sitzen erfunden oder von außen her bekannt wurden. Die gebaute Pflanze könnte Hirse gewesen sein, griechisch *melíne*, lat. *milium*, lit. *malnos*, f. pl. Schwaden, nicht sowohl dieses Namens wegen, der offenbar nur eine Grasart bezeichnet, als weil die Hirse schon frühe im Osten und Westen des Weltteils gemeine Kornart war. In Gemeinschaft mit ihr treten häufig die Rübe und die Bohne auf, zwei sehr alte, mit gemeinsamem Namen benannte Früchte, deren Pflanzung vielleicht dem Ackerbau vorausging. Indes, wie sich dies auch verhalten mag, nachdem das unruhige Hirtenvolk in den meerumgürteten Landschaften Griechenlands und Italiens seine feste Heimat gefunden und der alte Trieb nur noch in lokalen Wanderungen und Kämpfen ausklang, da mußte in den fetten Ebenen am Meere oder zwischen bewaldeten Bergen der schwarze Boden und der glückliche Himmel zum Körnerbau einladen [. . .]. Während die stammverwandten Völker im Norden bei ihrer alten unsteten Lebensart verblieben, richteten sich die gräco-italischen Stämme in dem neugewonnenen herrlich ausgestatteten Gebiete häuslich ein, des Anstoßes gewärtig, der sie aus der natürlichen Dumpfheit erwecken und auf eine unabsehbare Kulturbahn drängen sollte. Diesen Anstoß gewährte die Berührung mit den Semiten, einer im Vergleich mit der schwerfälligeren indoeuropäischen Natur gewandten, an Abstraktionskraft reichen und bereits in vielen Zweigen der Kulturtechnik weit vorgeschrittenen Rasse [. . .]. Phönizische Heiligtümer wurden von den Griechen übernommen und allmählich in dem freieren hellenischen Geiste ausgebildet, ohne ihre ursprüngliche Physiognomie jemals ganz verlieren zu können; asiatische Bäume, die um die alten Kultstätten gestanden, Zweige und Blumen, die als alte Symbole gegolten hatten, pflanzten sich in der neuen Heimat fort; der Wein, der über das Meer gekommen war, die süßen getrockneten Früchte, das duftende Öl konnten vielleicht im Lande selbst erzeugt werden, und was von Anfängen solcher Kultur im eigentlichen Hellas wieder erloschen war, wurde durch die große Kolonisation im Osten neu belebt und strömte von Kreta und Rhodos, von Naxos und Thasos und von den neuen Sitzen an der anatolischen Küste ins Mutterland zurück. Semitischer Wein-, Öl- und Feigenbau siedelte sich auf den Hügeln an, die das Saatfeld begrenzten, und die Pflanzung, die der pflegenden Hand im einzelnen bedarf, neben dem Acker, der mit Ochsen gepflügt, besäet und dann der Sorge der himmlischen und unterirdischen Götter überlassen ward.

Der Weinstock

Bei den homerischen Griechen ist der Wein schon in allgemeinem Gebrauch und wird überall als eine natürliche Gabe des Landes vorausgesetzt. *Sítos kai oínos* oder *sítos kai méthy* [Brot und Wein] ist eine gewöhnliche, häufig wiederkehrende Formel; so gibt Kalypso dem scheidenden Odysseus Brot, Wein und Kleider, die drei ersten Lebensbedürfnisse, aufs Schiff mit. In Brot und Wein liegt Kraft und Stärke des Menschen, und darin unterscheiden sich die leichtlebenden Götter von den sterblichen Menschen, daß jene keiner Nahrung bedürfen und keinen Wein trinken. Schon die kleinen Kinder werden mit Wein aufgezogen: Phoenix [...] hat das Knäblein Achilleus genährt und getränkt, ihm die Speise vorgeschnitten und ihm den Becher Weins an den Mund gehalten; der Knabe hat ihm oft das Gewand besudelt, indem er nach kindischer Art das Getrunkene wieder ausspie. Auch Jungfrauen und Mägde trinken Wein wie die Männer: da Nausikaa zum Waschen an den Meeresstrand fahren will, bekommt sie von der Mutter nicht nur Speise und Zukost, sondern auch Wein im Schlauch von Ziegenfell mit auf den Weg. Auf dem Schilde des Achilleus im achtzehnten Buch der Ilias sah man außer einem Brach- und Erntefelde und anderen Szenen des ländlichen Lebens auch einen Weinberg abgebildet, in welchem fröhliche Winzer und Winzerinnen gerade mit der Traubenlese beschäftigt waren. Wie die Griechen, tun auch die Troer: Hektor, nachts am Flusse mit seinen Scharen lagernd, läßt die Pferde ausspannen und ihnen

Futter vorwerfen, zur Erquickung für die Menschen aber Rinder und Schafe und lieblichen Wein und Brot herbeiholen. Griechische Städte und Gegenden werden als reich an Reben bezeichnet, so »die rebenreiche Stadt Pedasos« (an der Westküste der Peleponnes), »die traubenreiche Stadt Arne« (in Böotien), »die traubenreiche Histiaia« (in Euböa), »die rebenreiche Epidauros«. Eine Menge alter Stadt- und Landschaftsnamen sind vom Wein und Weinbau abgeleitet: so hieß die Insel Aegina einst *Oinóne*, in Akarnanien lag dem rechten Ufer des Acheloos nahe auf einem emporragenden Hügel die Stadt *Oiniádai*, [...]; in der Stadt der ozolischen Lokrer *Oineón*, nahe der ätolischen Grenze, soll Hesiod den Tod gefunden haben; in Attika lag eine doppelte Ortschaft *Oinóe* [...]; auch Megaris [...] hatte in der Peraia, dem Grenzgebiet nach Korinth, einen Ort *Oinóe*; derselbe Name kehrt in Argolis und auch Elis wieder; vor Methone in Messenien, welches selbst weinreich war, lagen die *Oinoússai*, die »Weininseln« usw.

Fragen wir, wo diese so allgemein verbreitete Kultur in Griechenland zuerst aufgetreten war, so scheint die Antwort in zahlreichen Ursprungs- und Stiftungssagen gegeben, die aber als bloße mythische Spiegelbilder des Keimens, Blühens, Verdorrens der Rebe oder des Gegensatzes der neuen gebundenen Kulturart gegen das rohe Wald- und freie Hirtenleben dem, der sie fassen möchte, größtenteils unter den Händen zergehen. So war das südliche Ätolien eine Geburtsstätte des Weinstockes: Dem Sohne des Deukalion, Orestheus (also dem Manne vom Berge), gebar daselbst ein Hund (der Sirius, die heiße Zeit) ein Stammende, *stélechos*; er ließ es in die Erde vergraben, und es erwuchs daraus ein rebenreicher Weinstock; drum gab er seinem Sohne den Namen Phytios (Pflanzer); dessen Sohn war wieder Oineus, der vom Wein benannt war (Hekataios von Milet). Ganz dasselbe erzählten auch die benachbarten Lokrer als bei ihnen geschehen (Pausanias), deren Beiname Ozolae sogar von den Sprossen dieses ersten Weinstammes abgeleitet wurde. Den ätolischen Oineus kennt auch schon die Ilias als Vertreter des milden Weinbaues: er hat der Artemis nicht geopfert und wird dafür von dem verwüstenden Eber bedrängt; seine Brüder sind Agrios (der Wilde) und Melas (der Schwarze, Schmutzige, d. h. der Ziegenhirt), dessen Name mit dem des Melantheus oder Melanthios, des bösen Ziegenhirten in der Odyssee, übereinkommt; sein Sohn, Jäger Meleager, der seine Burg gegen die anstürmenden Kureten rettet, ist der Gemahl der Kleopatra; Mutter der Kleopatra ist wiederum die Marpessa (die Räuberin), deren Eltern Idas (das Waldgebirge) und die Euenine (d. h. die Tochter des ätolischen Flusses Euenos) sind. So blickt in der kalydonischen Sage vom Weinmann, wie sie Homer gibt, nicht bloß der Drang und Widerspruch sich befehdender Volksstämme, sondern auch der an diese sich knüpfenden verschiedenen Lebensformen hindurch.

Wie in Ätolien war die Rebe auch an vielen anderen Orten zuerst von Dionysos geschaffen oder geschenkt, so im attischen Demos Ikaria dem Ikarios, dem Vater der Erigone (der im Frühling geborenen), dem Herrn des Hundes Maira (des schimmernden Sirius), und eine Menge durchsichtiger Märchen und lustiger oder betäubender Feste an den verschiedensten Orten erhielten das

Andenken an des Gottes Geburt und erste Schicksale und seine Leiden und herrlichen Taten. Von allen Gegenden aber erscheint Thrakien als hauptsächliche Heimat und als Ausgangspunkt der Dionysos-Religion. Dort lag das älteste Nysa, das des Homer; von dort kommen täglich weinbeladene Schiffe zum Lager der Griechen vor Troja; dort hat Odysseus von Maron, dem Priester des ismarischen Apollon, dem Sohne des Euanthes, d. h. des Dionysos selbst, jenen köstlichen Wein erhalten, mit dem er den Kyklopen trunken macht. Den ismarischen Wein kennt auch ein anderer alter Zeuge, Archilochos, der in jener Gegend wohl bewandert war:

»Mein Speer gibt mir Gerstenbrot, mein Speer gibt mir Wein,
den ismarischen, ich trinke an meinen Speer gelehnt.«

Eine merkwürdige Stelle des Herodot berichtet von einem unabhängigen und kriegerischen thrakischen Gebirgsvolke, den Satren, die im innersten Gebirge ein Dionysos-Orakel besaßen [. . .]. Bis ins Innerste des Landes, hinauf in das Haemosgebirge, ging der Dionysos-Kultus: »In seinem (Thrakiens) Inneren erheben sich die Berge Haemon, Rhodope und Orbelos, berühmt durch die heiligen Feste des Gottes Liber und die Versammlungen der Mänaden, die Orpheus einst begründete« (Mela). Ohne Zweifel stammte dieser thrakische Weingott aus dem gegenüberliegenden Kleinasien, mit welcher Gegend kriegerische Wanderungen und Rückwanderungen das diesseitige Thrakien frühe in Sitten- und Kulturverkehr gesetzt hatten. Der große Einbruch der Myser und Teukrer z. B., den Herodot vor die Zeit des troischen Krieges setzt, mochte auch den Sabosdienst, den Weinstock und die Kunst der Weinbereitung unter die wilden Thraker, die Verehrer des Ares, gebracht haben. Mysien wird als besonders rebenreich gepriesen: »Mysiens rebenreiche Gefilde...« (Pindar), »Es gibt sehr viel Wein in der Gegend, sowohl in der Umgebung der Stadt Priapos selbst, wie in dem unmittelbar angrenzenden Gebiet von Parion und Lampsakos« (Strabo). Lampsakos war von dem Großkönig dem Themistokles zugewiesen, damit er von dort seinen Bedarf an Wein bestreite; Kyzikos hatte zu den vier altattischen Phylen noch zwei besondere, darunter eine der *Oínopes*, d. h. der Weinbauern, und seine Münzen zeigen, wie die der griechischen Nachbarstädte, bacchische Attribute, den Panther, die Traube, den zweihenkeligen Weinkrug. Der Dienst des Priapos, des Gottes der Fruchtbarkeit in Gärten und Pflanzungen, ist den hellespontischen Städten gemeinsam. Die Vorstellungen von dem leidenden und wieder triumphierenden Sonnen- und Jahresgotte, die wütende Lust und die herzzerreißende Klage, mit der die Thyiaden seinen Tod und seine Wiederauferstehung feiern, der Doppelcharakter, in welchem Dionysos und Apollon, Ares und Dionysos verschmelzen, dies und alles daran sich Schließende ist phrygische und überhaupt vorderasiatische Art.

Auch im thrakischen wie im ätolischen Bacchusmythos spielt durch die Symbolik des Naturlebens die dunkle Anschauung eines Kulturgegensatzes, der Feindseligkeit entgegenstehender Stämme. Lykurgos bei Homer, der die Ammen des schwärmenden Dionysos im heiligen Nyseion verfolgt, so daß der Gott selbst entsetzt sich in die Meerestiefe flüchtet, – er mag ein Bild des Winters sein, wie Pentheus in Böotien ein Bild winterlicher Trauer: aber als *kraterós Lykóorgos*, als harter Wolfsmann, als Sohn des Dryas, d. h. des Waldes, und *androphónos*, Menschenmörder, der den *bouplêx*, die schlachtende Axt, in der Hand führt, ist er der blutige, thrakische Gebirgsbewohner, der in wilden Überfällen den Weinbauer ängstigt und die fremden Kultusbräuche nicht unter sich dulden will. Dahin deuten wir es, wenn Maron, der Priester des Apollon (d. h. des Apollon-Dionysos), dem Odysseus außer Gold- und Silberwerken, Erzeugnissen orientalischer Kunstfertigkeit, zwölf Amphoren des göttlichen Weins schenkt, zum Lohne dafür, daß er mit Weib und Kind von dem Helden beschützt worden ist. Aber der Weingenuß und die im Weine alle Naturfülle anschauende Dionysos-Religion setzte sich durch ganz Thrakien durch und wanderte mit thrakischen Stämmen weiter nach Süden, erfüllte Makedonien, wo die Mimallonen und Klodonen, bacchische Jungfrauen, rasten, gelangte an den Parnaß und nach Delphi, wo Apollon allmählich den Brudergott in Sinn und Verehrung der Menschen verdrängte, nach Theben, wo Semele, die Erdgöttin, dem Zeus ihren herrlichen Sohn gebar, an den Kithairon, als Eumolpos personifiziert nach Eleusis in die Nähe Attikas und in manchen Verzweigungen weiter nach anderen Seiten hin.

Diesem Kulturstrom aber begegnete von Anfang an und im weiteren Verlaufe ein anderer, mit ihm ursprünglich identischer, der in entgegengesetzter Richtung kam, der phönizische oder karisch-phönizische. Die Küste Thrakiens war ein alter Schauplatz phönizischer kolonialer und kommerzieller Tätigkeit: Phönizier hatten das Goldbergwerk am Berge Pangaios eröffnet, die gold- und weinreiche Insel Thasos besetzt und von dort Emporien an der thrakischen und hellespontischen Küste gegründet, deren Erhaltung ihren Nachfolgern, den Pariern, schwierig wurde. Überall, wo sie landeten, werden sie mit dem Wein, den sie mitbrachten, die Barbaren zum Tauschhandel gelockt und wo sie sich bleibend niederließen und Kulturstätten gründeten, die Umwohner zur Rebenpflanzung angehalten haben. Auf den Inseln des ägäischen Meeres geht von Kreta, einem Mittelpunkt phönizischer Ansiedlungen, der Weinbau und die an ihn sich knüpfende Sage nach Naxos und Chios und strahlt von dort weiter aus (siehe Fr. Osann, »Oenopion und seine Sippschaft oder einige Andeutungen über die älteste Weinkultur in Griechenland«, Rheinisches Museum 3, 1835, S. 241 ff.). Osann schließt seine Untersuchung mit dem Resultat: »Die Verbreitung und Einführung der Weinkultur an verschiedenen Orten Griechenlands sehen wir mittels einer aus Kreta stammenden Familie personifiziert, welche ihren Weg über Naxos und Chios nimmt, welches der Mittelpunkt einer ausgebildeten Weinkultur wird, von wo in verschiedenen Verzweigungen neue Kolonien ausgehen und den Weinstock verbreiten« (S. 259). Ja nach einer schon von Hesiod erwähnten Überlieferung war sogar der thrakische Maron der Odyssee ein Sohn oder Enkel dieses Oinopion, und liefen also beide Zweige oder Ausgangswege der griechischen Rebenkultur in eins zusammen.

Daß der Wein den Griechen aus semitischem Kulturkreise zugekommen, lehrt auch die Identität der Benennung desselben, gr. *oínos*, bekanntlich mit Digamma, hebr. *jain*, äthiopisch und auch arabisch *wain*, denn die umgekehrte Annahme Renans, die Semiten hätten das Wort von den Ariern entlehnt – wohlgemerkt von den Gräco-Italern, nicht von den Iraniern, denen es fehlt –, ist kulturhistorisch von der äußersten Unwahrscheinlichkeit. Auch die Versuche, das Sanskrit heranzuziehen und mit dessen Hilfe den Wein als Urbesitz des ungetrennten indoeuropäischen Stammvolkes darzutun, sind unglücklich ausgefallen und haben in den Augen Unbefangener eher das negative Resultat bestätigt. Das eigentliche Vaterland des Weinstocks, die durch üppigen Baumwuchs ausgezeichneten Gegenden südlich vom Südrande des kaspischen Meeres, war auch dem Ursitz – soweit sich dieser historisch verfolgen läßt – des semitischen Stammes oder eines seiner Hauptzweige benachbart. Dort windet sich im Dickicht der Waldung die Rebe mit armdickem Stamme bis in die Wipfel der himmelhohen Bäume, schlingt ihre Ranken von Krone zu Krone oder lockt von oben durch schwerhangende Trauben; dort oder in Kolchis am Phasis, in den Landschaften Kachethien, Mingrelien, Imerethien, Armenien, zwischen Kaukasus, Ararat und Taurus, sind nach den anziehenden Schilderungen Moritz Wagners, Kolenatis und von Blarambergs ganz die uralten Methoden im Gebrauch, die wir aus den Schriften der Griechen und Römer kennen, die Abteilung der Weingärten durch Kreuzgänge nach den vier Himmelsrichtungen (*limes decumanus* [die von Osten nach Westen] und *cardo* [die von Süden nach Norden gezogene Grenzlinie]), das Verpichen oder Verkalken der Amphoren, das Vergraben des

Stammendes, dann des Weins selbst in die Erde usw. Dort wachsen die pomeranzengelben, süß balsamischen, durchdringend duftenden Weine und liefert die edelste kachethische Rebe, die *sapiranica praecox* und *major* [die groß ist und früh reif wird], einen Saft von so intensivem Dunkelrot, daß die Damen mit ihm ihre Briefe zu schreiben pflegen.

Aus jener Gegend begleitete der Weinstock die sich ausbreitenden semitischen Stämme an den unteren Euphrat und in die Wüsten und Paradiese des Südwestens, in dem wir sie später ansässig finden. Den Semiten, die auch die Destillation des Alkohols erfunden haben, die die ungeheure Abstraktion des Monotheismus, des Maßes, des Geldes und der Buchstabenschrift – eine Art geistiger Destillation – vollbrachten (denn die Ägypter blieben an der Schwelle derselben stehen), wird auch der zweideutige Ruhm verbleiben, den Fruchtsaft der Weinbeere auf der Gärungsstufe festgehalten zu haben, wo er ein aufregendes oder betäubendes Getränk abgibt. Aus Syrien ging die Weinkultur weiter über das ganze sogenannte Kleinasien, zu Lydern, Phrygern, Mysern und anderen unterdes von Osten nach Westen vorgerückten iranischen oder halbiranischen Völkern, und drang von Norden her in die griechische Halbinsel, indes auch direkt zur See phönizischer Handel, karische Ansiedelungen, von Europa an die Küsten des fremden Weltteils übersetzende urgriechische Stämme die Kenntnis der wunderbaren Erfindung und mit steigender Ansässigkeit auch den Anbau des Gewächses selbst vermittelten. Zur Zeit des homerischen Epos und der hesiodischen Gedichte ist, wie gesagt, diese Aneignung bereits geschehen und längst vergessen; das Dasein des Weinstokkes und des Weins versteht sich von selbst und wird, wie alles Gute im Leben, einem lehrenden oder schaffenden Gotte zugeschrieben.

Die frühesten Seefahrten der Griechen nach Westen müssen den dämonischen Trank auch an die Küsten Italiens gebracht haben, denn daß er aus Griechenland kam, zeigt auf den ersten Blick das Wort *vinum* (als Neutrum, welches nach der Analogie anderer italischer Lehnwörter aus dem Akkusativ *oínon* zu erklären ist)[1]. Wie Odysseus auf den Kyklopen, stießen die über Meer gekommenen griechischen Schiffer und Abenteurer auf ein einfältiges Hirtenvolk, auf welches der gierig aufgenommene fremde Wein dieselbe ungewohnte betäubende Wirkung übte, wie auf die Kentauren des Pindar: »Als die Pheren die männerbezwingende Kraft des Weines kennen lernten, stießen sie hastig die weiße Milch von den Tischen, tranken aus silbernen Hörnern und irrten willenlos umher.«

Daß die Milch in Latium älter war als der Wein, geht aus den auf Romulus zurückgeführten [zur Zeit des Plinius noch gültigen] Opfersatzungen hervor, wonach den Göttern nicht mit Wein, sondern mit Milch gespendet wurde (Plinius: *Romulum lacte, non vinum libasse indicio sunt sacra ab eo instituta, quae hodie custodiunt morem*). Nach einem Gesetz des Numa durfte der Scheiterhaufen nicht mit Wein besprengt werden (Plinius: *vino rogum ne respargito*), d. h. die ältesten Bestattungsbräuche kennen den Wein noch nicht. Denn es gab eine Zeit, wo die Römer nur Ackerbau trieben und die Rebenkultur noch nicht eingeführt war (Plinius: »Bei den Römern kam der

Weinbau erst weit später auf, und der Notwendigkeit gehorchend bauten sie zunächst nur Getreide an«).

Merkwürdig ist, daß auch hier wie in Griechenland Legenden von Völkerkämpfen an die Gründung des Weinbaues sich knüpfen. Nach einer vielberichteten Sage (z. B. von Cato bei Macrobius) sollte Mezentius, der König von Caere, den Latinern den Ertrag ihrer Weinberge oder die Erstlinge der Kelter abgefordert, die Latiner sie aber dem Jupiter gelobt und so den Sieg über den frevelhaften Tyrannen gewonnen haben. Die Herrschaft der Tusker in Campanien und Latium wurde, wie wahrscheinlich ist, durch gemeinsame Anstrengungen der lange in Bundesgenossenschaft vereinigten Griechen und Latiner gebrochen: die dunkle Erinnerung daran verschmolz mit dem Andenken an die zu jener Zeit in Latium sich verbreitende griechische Weinkultur, deren Segen man als die Habsucht reizend sich dachte, und an die Einführung der Erstlingsspenden an den Jupiter Liber und die Venus Libera. Der 19. August, an dem die beiden Heiligtümer der Murcia und der Libitina, der Göttinnen der Erntelust, ihren Stiftungstag feierten, wurde nun zugleich der Tag der *vinalia rustica*, des Vorfestes der Weinlese, dem am 23. April das der *vinalia priora* vorausging – beides in Anknüpfung des jüngeren Weinbaues an die älteren Ackerbaufeste. Daß Jupiter der Schützer der neuen Gabe wurde und sein Priester, der flamen Dialis, die Weinlese weihte, lag in dem Wesen dieses Gottes, von dem alle Befruchtung und ländliche Nahrung kam; der Beiname Liber, mit dem er sich als Weingott oder italischer Dionysos besonderte, war die Übersetzung des griechischen *Lýsios* oder *Eleuthérios*

[Löser, Befreier]; die genealogische Ableitung, wie in Griechenland, wo Dionysos als Sohn des Zeus gedacht wurde, war den Italern nicht geläufig.

Übrigens gedieh die Rebe an den Bergen Unteritaliens so üppig, daß schon im 5. Jahrhundert Sophokles Italien das Lieblingsland des Bacchus nennen (»Bacchus, ... der du das herrliche Italien schirmst«) und die Südspitze Italiens bei Herodot den Namen *Oinotrien*, d. h. Land der Weinpfähle (nach Hesych war *oínotron* dorisch soviel als Weinpfahl), tragen konnte. Oinotrien war die Gegend, wo die Reben an Pfählen gezogen wurden, im Gegensatz zu den Landschaften, wo der Wein hoch an Bäumen emporwuchs wie in Etrurien und Campanien, dem Gebiet der Tusker, oder ohne Stütze kurz und niedrig gehalten wurde wie in der Gegend von Massilia und in Spanien, oder in dachartigen Spalieren an Stangen oder Stricken sich fortrankte wie im Brundisinischen, oder am Boden fortkroch wie in Kleinasien. Die verschiedenen Methoden, am bündigsten aufgeführt bei Varro, ergaben sich teils aus der Natur des Bodens, der entweder felsig und heiß oder feucht und humusreich war, teils aus dem Mangel oder Vorrat an dem nötigen Holz oder Rohr, teils aus der Gewohnheit derjenigen, von denen in einer bestimmten Gegend der Weinbau ursprünglich ausgegangen war, und der Rebenvarietät, die sie zu allererst mitgebracht hatten. Der Waldreichtum des später Lucania und Bruttium genannten Landes, welches von der damit zusammenhängenden Viehzucht auch Italia benannt war [gr. *italós*, der Stier, verwandt mit lat. *vitulus*, das junge Rind], mag zu allgemeinem Gebrauch eigener Weinpfähle [...] geführt und der Name *Oinotría*,

Oinotroí von solchen Griechen herrühren, denen die frei am Boden gezogene Rebe, die *chamítis, orthampelos ipsa se sustinens* [ein Weinstock, der sich ohne Stütze aufrecht hält], oder die Baumrebe, die *anadendrás* [...], das Gewohnte war.

Auch in die Gegenden an den Pomündungen muß der Weinstock mit dem griechischen Seeverkehr frühe gekommen sein, so wenig der niedrige wasserreiche Boden diese Kultur zu begünstigen scheint. Über das Zusammentreffen der dortigen Sümpfe mit reichem Weinbau wunderte sich mit Recht schon Strabo. Die *vitis spionia quam quidam spineam vocant* [die spionische Rebe, die einige auch *spinea* »die dornige« nennen] (Plinius, Columella) wuchs im Gebiet von Ravenna (*Ravennati agro peculiaris*), ertrug Hitze und Regen, nährte sich von Nebeln und galt – was auch von anderen nordischen Reben ausgesagt wird – für reich an Ertrag. Der Wein war in Ravenna wohlfeiler als das Wasser, so daß Martial daselbst lieber eine Zisterne mit Wasser als einen Weinberg besitzen mochte:

Sit cisterna mihi quam vinea malo Ravennae,
Cum possim multo vendere pluris aquam –

und sich beklagt, ein dortiger betrügerischer Schenkwirt habe ihm reinen Wein statt des mit Wasser gemischten verkauft:

Callidus imposuit nuper mihi copo Ravennae,
Cum peterem mixtum, vendidit ille merum.

Auch die Landschaft Picenum, in der geographische Namen und manche andere Spuren auf eine alte Verbindung mit den Pomündungen hindeuten, wird schon frühe als besonders weinreich geschildert: bei Polybios kuriert Hannibal die [völlig heruntergekommenen] Pferde seiner Armee [,indem er sie] mit den alten, im Überfluß vorhandenen Weinen der Gegend [abwaschen läßt]. Noch lange nachher gingen gerade die Weine Picenums ins Ausland, nach Gallien (Plinius), wie in den Orient (Edictum Diocletiani). Dort lag die Landschaft, in der die berühmte *vinum Praetutianum* genannte Weingattung wuchs:

> *Tum qua* vitiferos *domitat Praetutia pubes*
> *Laeta laboris agros . . .*

[Dort, wo praetutisch' Volk froh der Mühen die rebentragenden Äcker bestellt . . . (Silius Italicus)], die der istrischen Traube ähnlich war – »der sogenannte istrische Wein ähnelt dem praetutianischen« (Dioskurides) –, ja von Plinius mit dem am Flusse Timavus bei Aquileja wachsenden *vinum Pucinum* identifiziert wird. Die picenische Rebe also war aus alter griechischer Zeit am Westufer des adriatischen Meeres bis in dessen innersten Winkel hin verbreitet. Von der großen Fruchtebene, die sich vom Po bis an den Fuß der Alpen erstreckt, weiß auch im Punkt des Weines Polybios, der als Augenzeuge spricht, nicht genug Rühmens zu machen; sie mochte wohl schon Trauben tragen, als die Kelten in Italien einbrachen und nach der Sage eben durch den Wein und die Früchte des Südens dazu angereizt wurden (Livius,

Plinius, Plutarch). Mit Weinlaub bedeckt erscheinen bei Martial auch die Abhänge der vulkanischen Euganeen bei Padua:

Si prior Euganeas, Clemens, Helicaonis oras
Pictaque pampineis videris arva jugis,
Perfer Atestinae nondum vulgata Sabinae
Carmina.

[Siehst du eher als ich die euganeischen Gefilde des Helikaon, Clemens, und die Fluren, geschmückt mit Weinspalier, dann gib der Sabina aus Ateste diese noch unveröffentlichten Lieder.] Sehr berühmt wurden frühzeitig auch die *vina Raetica*, d. h. die heutigen Tiroler und Veltliner Weine, die aus der Ebene kommend die Vorhügel und den Südabhang der Alpen erstiegen hatten. Nach Servius' Kommentar zu Vergils Georgica hatte schon Cato die rhätische Traube gelobt, wurde dafür aber von Catull, der als geborener Veronese hierin Bescheid wissen mußte, getadelt. Unvergänglichen Ruhm aber erwarb sich der rhätische Wein durch Vergil, der ihn nur dem Falerner nachstellte:

... et quo te carmine dicam,
Raetica? nec cellis ideo contende Falernis.

[Und dich – wie am besten dich preisen, rhätischer Wein? Und doch – mit *Falernums* Kellern miß dich deshalb noch nicht!] Auch Vergil war nicht weit von den Tälern des Südalpenlandes zu Hause, vielleicht aber pries er den Rhätier nur, weil Augustus, wie Sueton erzählt, ihn besonders liebte. Strabo stimmt in das Lob mit ein: »Und der rhätische Wein, der in dem Rufe steht, den Weinen nicht nachzustehen, die bei den Italikern gelobt werden, wächst an den Hängen der rhätischen Alpen«, aber vielleicht ist er nur ein Echo Vergils. Auch Plinius berichtet: »Vor der Zeit des Kaisers Tiberius gab man bei Tisch den rhätischen Trauben aus dem Gebiet von Verona den Vorzug«, gleich darauf fügt er indes hinzu: »So verhält es sich auch mit der rhätischen und der allobrogischen Rebe: zu Hause liefern sie einen edlen Wein, anderswo sind sie nicht wiederzuerkennen.« Martial kennt gleichfalls die rhätischen Weine aus der Heimat des Catull:

Panaca

Si non ignota est docti tibi terra Catulli,
Potasti testa Raetica vina mea.

[Ein Trinkgefäß: Wenn dir die Heimat des gelehrten Catull nicht unbekannt ist: wisse, du hast rhätischen Wein aus meinem Krug getrunken.] Auch noch ganz spät zu Cassiodors Zeit stand das Gebiet von Verona wegen seiner Weine in Ruf.

Schon Cato hatte gefunden, daß von allen Arten der Bodenbenutzung der Weinbau die vorteilhafteste sei: *de omnibus agris . . . vinea est prima, si vino multo siet*, und in den späteren Zeiten der römischen Republik war Italien bereits in so ausgedehntem Maße ein Weinland geworden, daß das Verhältnis der Rebenzucht zum Kornbau sich umgekehrt hatte und die Halbinsel Wein aus- und

Getreide einführte. Aber längst hatte diese Kultur auch begonnen, über die Grenzen Italiens hinauszudringen und im Norden und Westen sich einzubürgern. Columella führt aus dem älteren landwirtschaftlichen Schriftsteller Saserna den Ausspruch an, das Klima habe sich geändert, denn die Gegenden, die sonst zum Wein- und Ölbau zu kalt gewesen, hätten jetzt Überfluß an beiden Produkten. Hier liegt die richtige Beobachtung zugrunde, daß der Anbau der genannten Gewächse im Laufe der Zeiten immer weiter nach Norden gerückt sei, nicht weil das Klima ein anderes geworden, sondern durch allmähliche Akklimatisation. In der neueren Zeit ist im Verhältnis zum Mittelalter das Umgekehrte eingetreten: der Weinbau hat sich aus den nordischen Landstrichen zurückgezogen, in denen er ökonomisch nicht mehr vorteilhaft war. Das nördliche Frankreich, die südlichen Grafschaften Englands, Thüringen, die Mark Brandenburg usw. trieben sonst Weinbau. Bei entwickelterem Verkehr mußte man es vorziehen, den Wein begünstigterer Gegenden gegen diejenigen Früchte einzutauschen, die der eigene Boden reichlich und sicher hervorbrachte.

Der Übergang des Weinbaues nach Frankreich, wie er aus historischer Zeit in einzelnen Notizen vorliegt, gewährt übrigens eine lebendige Analogie der Vorgänge, durch welche die Rebe Jahrhunderte früher zu den Völkern des inneren Italiens sich mag verbreitet haben. Der erste Weinstock auf gallischem Boden wurde ohne Zweifel von der Hand eines Massalioten gepflanzt; auf den Massilia [das heutige Marseille] umgebenden Bergen gedieh die Rebe vortrefflich, Strabo von den Massalioten: »Sie bewohnen ein Land, in dem Ölbäume wachsen und das reich an Weinstöcken (*katámpelon*) ist.« Die Kulturart war die aus der Heimat mitgebrachte kleinasiatische ohne Stützen und Pfähle. Die östlich und westlich ausgesandten Ansiedler verbreiteten den Weinbau längs der Küste, zunächst um die befestigten Stationen herum. Die Eingeborenen – Ligurer und Iberer, später Kelten – tauschten den Wein gegen die Rohprodukte ihres Landes ein, ganz wie später die Bewohner von Aquileja den Illyriern Öl und Wein lieferten und von diesen dafür Sklaven, Vieh und Häute bezogen (Strabo). Zunächst waren es nur die Reichen, die den italienischen und massaliotischen Wein tranken, während die Ärmeren bei dem nationalen Getränk aus gegorenem Getreide blieben (Poseidonios). Allmählich drang dann die Kultur weiter ins Innere; von den benachbarten lernten die entfernteren Stämme *selbst* die Rebe ziehen und den Staft der Beeren durch Gärung in Wein verwandeln, Justinus: »Jetzt lernten sie auch, die Weinrebe zu schneiden, jetzt, Oliven zu pflanzen.« Macrobius: »Die Gallier lernten den Weinbau und die Olivenkultur erst, als Rom schon groß war« – so sehr, daß die Römer, die nicht bloß ein Krieger-, sondern auch ein eigennütziges Kaufmannsvolk waren, bereits eifersüchtig wurden und im Interesse der italienischen Ausfuhr den von ihnen gezüchtigten transalpinischen Völkchen die Friedensbedingungen auflegten, des Öl- und Weinbaues sich zu enthalten, Cicero: »Wir [Römer] aber sind die Gerechtesten von allen, die wir es den Völkern jenseits der Alpen nicht gestatten, Öl und Wein anzubauen, damit nur ja unsere eigenen Ölbaumpflanzungen und Weinberge noch mehr an Wert gewinnen.« Als nach den Siegen über die Allobroger und Arverner die Gegend zwischen Pyrenäen, Cevennen und Alpen zur *provincia Narbonensis* erhoben worden war, fand immer noch eine starke Einfuhr von italienischem Wein statt. Wir sehen dies aus Ciceros Rede für den Fontejus, der sich erlaubt hatte, von den aus Italien eingehenden Weinen ein *vectigal* [Steuern] zu erheben und ein *portorium vini* [einen Weinzoll] einzusetzen, und deshalb in Rom angeklagt wurde. Es folgte Cäsars Eroberung des ganzen Landes bis zur Nordsee und zum Rhein und der Eindrang römischer Kultur, Sitte und Lebensgewohnheit in ungehemmter Strömung. Im ersten Jahrhundert der Kaiserzeit zeigen uns die Nachrichten bei Plinius und Columella das heutige Frankreich bereits als selbständiges, rivalisierendes Weinland mit eigenen Trauben- und Weinsorten, mit Ausfuhr und Verpflanzung nach Italien, zugleich nicht ohne Anzeichen der eben erst vollbrachten Aneignung einer noch jugendlichen Kultur. Gallien stand damals zu Italien wie in der Urzeit Italien zu Griechenland und noch früher Griechenland zu Syrien, Phrygien und Lydien. Gallische Weine fanden bei Italienern Geschmack, Plinius: »Es ist erstaunlich, daß in Italien die gallischen Weine gern getrunken werden, jenseits der Alpen aber die picenischen«, Columella: »Wir legen uns die Weinernte von den Kykladen und aus den bätischen und gallischen Anbaugebieten in den Keller.« Der Burgunderwein tritt auf, wenn auch natürlich nicht unter diesem Namen, sondern als Wein von Vienna [dem heutigen Vienne] an der Rhone, als Arverner, Sequaner, Helvier, Allobroger. Plinius: »Jetzt ist eine Weinrebe aufgetaucht, deren Wein von selbst schon nach Pech schmeckt; sie macht das Anbaugebiet um Vienna berühmt, ist erst seit kurzem allgemein beliebt in den Sorten Averner, Sequaner und Helvier und war zur Zeit des Dichters Vergil, der vor neunzig Jahren gestorben ist, noch unbekannt.« Er schmeckte nach Pech (wie nach Strabo auch der ligurische und wie noch heute einige Burgunderweine), wurde auch künstlich mit Harz und Pech behandelt, war an Ort und Stelle beliebt, ward aber auch nach Italien ausgeführt, Martial:

Picatum vinum

Haec de vitifera venisse picata Vienna
Ne dubites: misit Romulus ipse mihi.

[Geharzter Wein: Glaub' es nur, daß dieser geharzte Wein aus dem rebenreichen Vienna kommt: Romulus selbst hat ihn mir geschickt.] Auch gallische Traubensorten, also Varietäten, die sich bereits auf dem neuen Boden gebildet hatten, fanden in Italien Verbreitung: die *vitis helvenacia, elvenaca, helvennaca* (Columella, Plinius: der Name abgeleitet, wie es scheint, von dem keltischen Volksnamen Helvii, in anderer Form Helvetii, s. oben das *genus Helvicum* bei Plinius), die *vitis Biturica, Biturigiaca* (Plinius, Columella, Isidor von Sevilla; schon in das Gebiet des heutigen Bordeauxweins hinüberreichend), die *Allobrogica* (Plinius, Columella; *colore nigra*, eben die rote Burgundertraube) usw. Die Eigenschaften, die diesen gallischen Reben zugeschrieben werden, laufen alle auf größere Widerstandskraft gegen Ungunst des Klimas hinaus: sie nehmen mit magerem Boden vorlieb, ertragen Kälte, Regen, Wind; sie sind alle reich an Beeren und liefern viel Most; sie arten bei Ortsveränderung leicht aus, haben also noch keinen konstanten Charakter gewonnen: die *helvennaca* kommt in Italien schlecht fort, bleibt dort klein und fault leicht, die Lieblichkeit des Allobrogers *cum regione mutatur* [wechselt je nach Anbaugebiet] usw. An der geringen Haltbarkeit lag es, wenn die Weine von Massilia, die etwa unseren Cette-Weinen entsprachen, nach griechischer Sitte geräuchert wurden (oft erwähnt, z. B. bei Martial: *vel cocta fumis musta Massilitanis* [ein Most, in den Räucherkammern von Massilia bereitet]), und die provençalischen Weine überhaupt nicht bloß durch Rauch, sondern durch Zusatz von Kräutern und Gewürzstoffen entstellt in den Handel kamen (Plinius). Die Alten griffen nach allerhand Mitteln, Einkochen, Räuchern, Zumischen usw., da sie den Branntwein, durch den unsere Xerez-, Porto-, Marsala- und andere südliche Weine vor dem Verderben bewahrt werden, noch nicht kannten.

Daß nun während der römischen Kaiserjahrhunderte der Weinbau in Gallien nicht bloß sich befestigte, sondern seine Grenzen erweiterte, daß er sich des Tales der Garonne, nach Norden und Nordwesten der Täler der Marne und der Mosel bemächtigte, lag im natürlichen Lauf der Dinge. Den Rhein aber überschritt er zur Römerzeit noch nicht (Bodmann, Rheingauische Altertümer, S. 393: »Wir setzen unbedenklich die Ursprünge des Weinbaus im westlichen Rheingaue auf den Zeitraum der austrasischen Regierung des Merovingischen Königsstammes«). Von Gallien aber ward, wenn auch nicht der Weinstock, so doch der Wein, den angrenzenden Germanen zugeführt, die mit Aufnahme dieses Produkts den verhängnisvollen Pakt mit gallisch-römischer Kultur schlossen, während bei den weiter wohnenden Stämmen das sogenannte Freiheitsgefühl, d. h. die Anhänglichkeit an das von den Vätern ererbte halbnomadische Jagd- und Herdenleben, der verdächtigen Gabe sich erwehrte. (Mehr als tausend Jahre später ging es den Deutschen in Norwegen, wie einst den Römern in Deutschland: da waren *sie* die weinführenden Südmänner, die das Volk verdarben und deshalb vom König Sverrir in Bergen nicht zugelassen wurden). So sehr drohte aber auch in den Provinzen die Weinkultur den Getreidebau zu überwuchern, daß der Kaiser Domitian in einem Anfall von Besorgnis die Hälfte und mehr aller außerhalb Italien bestehenden Weinberge auszurotten befahl – was sich indes natürlich nicht ausführen ließ (Sueton). Da gleichzeitig ein Verbot gegen die orientalische Sitte der Entmannung erging, sagte Apollonios, der Kaiser schone die Menschen, eunuchisiere aber die Erde (*gén eunouchízein*). Die Ausführung des Befehls wurde von Ionien und überhaupt von Asien durch eine Gesandtschaft abgewehrt (Philostrat). Indes muß der provinziale Weinbau immer von Italien aus mit ungünstigen Augen angesehen worden sein. Denn vom Kaiser Probus wird berichtet, er habe [abweichend von der üblichen Praxis] den Provinzen Gallien, Spanien und Britannien, nach anderen Gallien, Pannonien und Mösien erlaubt, Weinberge zu besitzen und Wein zu bereiten (Flavius Vopiscus, Eutrop, Aurelius Victor). Auch die Trinker des Tokaierweins also können den Kaiser Probus leben lassen, der nur kurz regierte, aber ein Held der Legende, eine Art Weinheiliger wurde – natürlich, wie so oft, auf gelehrtem Wege, d. h. nach den soeben beigeschriebenen Quellen der Historiker.

Weniger besungen, aber von nicht geringerer Wichtigkeit ist ein anderes Kulturprodukt, das das transalpine Europa zugleich mit dem Wein vom Süden her kennen und vielfach anwenden lernte, wir meinen den Essig, französisch *vinaigre* (wörtlich: saurer Wein), englisch *vinegar*, got. *akeit* (aus *acetum*), alts. *ekid*, ags. *oced*, ahd. *ezih* (durch Umstellung der beiden Konsonanten), kirchensl. *ocĭtĭ*, poln. neosl. bulgar. *ocet*, serb. *ocat*, magyar. *eczet*, walach. *ocet*. Die Russen und durch sie die Litauer haben ihre Benennung des Essigs aus dem Griechischen, d. h. aus Byzanz: griech. *óxos*, russisch *uksus*, litauisch *ùksosas*, obgleich es jetzt kein Land gibt, wo eine größere Vorliebe für alles Sauere herrschte, als in dem weiten Gebiet von den Karpaten bis an die chinesische Mauer. Essig mit Wasser gemischt, die sog. *posca* (das Wort angeblich aus *époxys* entstanden), griech. *oxýkraton*, war ein unter dem Volk in Italien und in den Soldatenlagern gewöhnliches Getränk und mag von den letzteren aus auch in den barbarischen Ländern sich verbreitet haben.

Vergleicht man den heutigen Zustand des Weinbaues mit dem zur Zeit der Alten, so hat auch diese Kultur einigermaßen an dem allgemeinen Gange der Geschichte teilgenommen, d. h. sie ist in ihren Ausgangsländern in Verfall geraten und steht in dem zu allerjüngst gewonnenen Gebiete auf der höchsten Stufe der Entwickelung. Als Vorderasien, die Wiege der Rebenzucht, von Völkern islamitischen Glaubens überzogen worden, konnte ein

Produkt nicht mehr gedeihen, dessen Genuß das Gesetz den Eroberern untersagte. In allen Ländern arabischer Herrschaft, in Nordafrika, Sizilien, Spanien ging der Weinbau zurück, da er von den Mächtigen nicht begünstigt wurde, die mit semitischer Mäßigkeit mehr den Kultus des Wassers und kühlen Schattens als den des erhitzenden Getränkes übten. Ja, es fanden sich einzelne Fanatiker, die den Wein gar nicht dulden wollten, so der Kalif Hakem II. von Spanien: »Er ließ fast alle Weinreben in Spanien ausrotten: nur ungefähr einen dritten Teil der Weingärten ließ er stehen zum Genuß ihrer Früchte als reife Trauben, als getrocknete Frucht, Rosinen, Syrup und Traubenhonig, was zu genießen das mohammedanische Gesetz erlaubte« (Aschbach, Gesch. der Ommaijaden in Spanien, 2. S. 158 f.). Was dem Islam in Spanien nicht gelang – wie die heutigen Xerez- und Malagaweine beweisen –, das setzte er in dem gegenüberliegenden Marokko durch. Die atlantische Küste des letztgenannten Landes war im Altertum ein ergiebiger und gepriesener Weinbezirk gewesen, dem seine Traube nicht erst von den Karthagern, sondern schon in der Urzeit von den Phöniziern zugetragen war. Dort lag das Vorgebirge Ampelusia, also das Weinkap, heutzutage Cap Spartel, und die uralte Stadt Lix, die auf ihren punischen und punisch-römischen Münzen die Traube als Wahrzeichen führt und von deren Einwohnern die Sage erzählte, daß sie sich ohne Bodenbestellung nur von freiwachsenden Weinbeeren nährten (Pausanias). Auch nach Strabo sollen die Weinstöcke von Maurusien so dick gewesen sein, daß sie von zwei Männern nicht umspannt werden konnten und Trauben von einer Elle

Länge getragen haben. Von reicher Weinerzeugung dieser Gegend und einem darauf gegründeten Ausfuhrhandel der Phönizier berichtet auch der Periplous des Skylax. Noch im Mittelalter bei Ankunft der Araber muß diese Kultur bestanden haben, da die Stadt, die von ihnen an Stelle des alten Lix gegründet wurde, den Namen El-Araisch, d. h. Weinberg, erhielt. Jetzt nun trägt das überaus fruchtbare Land infolge der arabischen Herrschaft keine oder fast keine Weinpflanzung mehr, und nur unter den ungebundenen Schelluhs des Rif hat der Islam das verbotene Getränk nicht ausrotten können.

Das heutige Griechenland – nach so vielen zerrüttenden Schicksalen und Jahrhunderten ethnologischer und wirtschaftlicher Erniedrigung – erzeugt mit wenigen Ausnahmen nur schlechten Wein; der Ruhm des Chiers, Lesbiers, Thasiers ist längst dahin und der harzgeschwängerte Resinato, über den schon Liudprand in seiner Gesandtschaftsreise nach Konstantinopel vom Jahre 968 klagt, nicht geeignet, ihn wieder ins Leben zu rufen. Vielleicht sind auch die Korinthen nur eine durch Degeneration hervorgerufene Varietät. Sie sollen von der Insel Naxos gekommen und nicht vor dem Jahre 1600 in Morea bekannt gewesen sein. Merkwürdig ist, daß sie gleichsam von Gegend zu Gegend wandern: auf Naxos sind sie verschwunden, bei Korinth, woher ihr Name stammt, sind sie nicht mehr vorhanden, ihr Produktionsbezirk ist jetzt Patras, Zante und Kephalonia.

In Italien kam es den ostgotischen und langobardischen Fürsten und Edlen wie allen Barbaren gewiß nicht auf feine geistige Blume ihres Weines, sondern auf das Quantum an, das die unterworfenen Kolonien zu liefern hatten. Wer beim Schmause aus dem Schädel des erschlagenen Feindes trinkt, dem sagt das Herbe und Starke am meisten zu, vor allem aber begehrt er, seine kriegerische Trinkschale recht oft leeren und wieder füllen zu können. Die Normannen im Süden, die deutschen Könige auf ihren Römerzügen und die sie begleitenden Herzöge, Grafen, Edlen und Mannen waren allesamt wackere Trinker, aber sicherlich keine allzu kritischen und wählerischen Kenner. Dazu die Gebundenheit des Grund und Bodens, die den arbeitenden Stand in düsterem Stumpfsinn erhielt, die ewigen Raub- und Verwüstungszüge und die Verwilderung und Unsicherheit des Lebens überhaupt, die keine Kapitalanlage auf längere Jahre gestattete. Vielleicht machten einige geistliche Besitztümer eine Ausnahme, und die Keller der Klöster mögen hin und wieder alten, durch Lagerung veredelten Wein enthalten haben, doch darf man sich die Zunge der Bischöfe und Äbte des heiligen römischen Reichs auch nicht allzu fein denken, denn auch sie, wie die Ritter, waren Kinder einer rohen Zeit: nicht bloß tranken sie den Wein ohne Zusatz von Wasser – im Gegensatz zu der humanen, schon bei Homer geltenden und durch die Gesetze des Zaleukos ausdrücklich gebotenen Sitte der Alten, den Wein mit Wasser zu mischen –, sondern am meisten mundete ihnen Wein mit Gewürz, Beeren und Honig abgekocht, *vinum moratum, claretum/claratum, lûtertranc, môras, clâret*, ein Mischtrank, der zwar auch bei den Alten mitunter erwähnt wird, aber dort nur eine unter mannigfachen, in weinreichem Lande natürlichen Nebenanwendungen des zu täglichem Genusse dienenden Produktes war.

Daß seit der Römerzeit die edlere Weinkultur Rückschritte gemacht hat, darf man in Anbetracht dieser ungünstigen Verhaltnisse wahrscheinlich finden. Liest man die weitläufige Abhandlung des Plinius über den Wein (im 14. Buche) oder den Abschnitt über denselben Gegenstand im Auszuge des ersten Buches des Athenaios, so sieht man deutlich, wie der Geschmack und Reichtum der Vornehmen diesen Kulturzweig in steter Regsamkeit erhielt. Es hat sich eine unendliche Mannigfaltigkeit von Sorten und Arten ergeben (gleich dem libyschen Sande, sagt Vergil, oder den Wellen des Meeres), von denen die eine von diesem, die andere von jenem Magnaten patronisiert wird; der Wetteifer, sich gegenseitig zu überbieten, führt zu immer neuen Versuchen, sowohl in Wahl der Trauben als in Behandlung des Saftes: die Mode wechselt – aber vielleicht auch die natürliche Güte des Gewächses. So hatten zur Zeit des Augustus die auf der Grenze Latiums und Campaniens wachsenden Weine, der aus Horaz jedem bekannte Falerner, Massiker, Cäcuber, für die edelsten der Halbinsel gegolten, und Plinius berichtet, zu seiner Zeit, also nach etwa zwei Menschenaltern, würden sie nicht mehr geschätzt, wodurch, fügt er hinzu, offenbar wurde, daß jeder Boden seine Zeit hat: *sua quibusque terris tempora esse, sicut rerum proventus occasusque*. Kurz vorher hatte er freilich gerade mit Bezug auf den Falerner gesagt, dieser Wein sei nicht mehr der alte (*exolescit*), weil die Produzenten mehr auf die Menge als auf die Qualität des Erzeugnisses Bedacht nähmen.

Ganz denselben Vorwurf macht man auch dem heutigen Weinbau in Griechenland, wie in Italien. Bei der

et dulcia Bacchi
Munera quae Sarepta ferax, quae Gaza crearat,
Ascalon et laetis dederat quae Graeca colonis.

[und des Bacchus liebliche Gaben, die das fruchtbare Sarepta, die Gaza wachsen ließ, die Askalon und Griechenland den frohen (Wein)Bauern schenkten.] Der Einbruch der Araber machte dieser Weinproduktion und dem darauf gegründeten Handel ein Ende.

Zur Zeit des Altertums wurde der Weinstock durch alle Länder getragen, die das Mittelmeer umgeben: hat er sich jetzt – könnte man fragen –, wo die Kultur in immer größerem Maßstab die ganze Erde umfaßt, über alle Weltteile verbreitet? Die Antwort muß verneinend ausfallen. In der südlichen Hemisphäre ist, mit Ausnahme des nicht bedeutenden Kaplandes, die schmale gemäßigte Zone, in der der Weinstock gedeiht, nicht vorhanden, und in der sogenannten Neuen Welt haben die Versuche, ihn anzupflanzen und ertragfähig zu machen, keinen übermäßigen Erfolg gehabt. Nordamerika mag jetzt nahe an eine Million Hektoliter erzeugen, und in den meisten Wirtshäusern der Vereinigten Staaten ist schon einheimischer Kalifornier zu haben, aber er wird als von nicht angenehmem Geschmack geschildert. Der Wein liebt, sozusagen, den Westen nicht und hängt an seiner alten Nachbarschaft. In einigen Teilen Australiens sollen sich jetzt ziemlich ausgedehnte Weinkulturen finden, meist von deutscher Hand angelegt, aber der dortige Bordeaux geht zu sehr ins Blut, Mosel- und Rheinwein haben keine Blume. Nur an zwei Punkten hat am Ausgang des Mittelalters die Hand des Menschen den

Bezirk der Rebe wirklich erweitert, in Madeira und auf den Kanaren – die aber beide gewissermaßen noch zu Europa und zum Kreise des Mittelmeers gehören. Nach Madeira ließ schon Prinz Heinrich der Seefahrer Rebschößlinge aus der Peleponnes und von der Insel Kreta bringen, nach Teneriffa verpflanzte Alonzo de Lungo gegen das Jahr 1507 Weinstöcke von Madeira. Der dort also aus griechischen Reben gewonnene Wein wurde später in allen Ländern berühmt; in neuester Zeit hat der Traubenpilz dieser Kultur den Garaus gemacht, und sie hat jetzt Mühe, sich wieder herzustellen. Interessant aber ist der Weinbau auf jenen Inseln auch deshalb, weil er sich hier dem Tropenklima am meisten nähert: die Weinberge von Südpersien und die am Kap stehen vom Äquator weiter ab als die der Insel Ferro unter 27° 48.

Der Feigenbaum

An die Rebe schließt sich von selbst die Feige [*syké*] an, »die Schwester des Weinstocks«, wie sie schon der Iambograph Hipponax nannte. Der Feigenbaum hat im semitischen Vorderasien, in Syrien und Palästina sein eigentliches Vaterland und erreicht dort das üppigste Wachstum und die süßeste Fruchtfülle. Das Alte Testament erwähnt des Baumes oft, vorzüglich in Verbindung mit dem Weinstock, und ist voll von Bildern und Gleichnissen, die daher entnommen sind; unter seinem Weinstock und Feigenbaum wohnen oder von seinem Weinstock und Feigenbaum essen – heißt soviel als eines ruhigen, friedlichen Daseins genießen. Auch in Lydien galten Wein und Feigen so sehr als die ersten Güter des Lebens, daß diejenigen, die dem Kroisos den Zug gegen Kyros abrieten, sich darauf beriefen, die Perser tränken nicht einmal Wein, sondern Wasser, und hätten auch keine Feigen zur Nahrung (Herodot). Ebenso in Phrygien: der komische Dichter Alexis nannte die getrocknete Feige, die *ischás*, eine Erfindung der phrygischen *syké*. Aber auf den nahe gelegenen kleinasiatischen Küsten und Inseln findet sich die Feige als Fruchtbaum zur Zeit und im Kreise der Ilias noch nicht, um so weniger folglich auf dem griechischen Festlande. Erst in der Odyssee tritt der Feigenbaum auf, aber auch hier nur an Stellen, deren nachträgliche Einfügung sichtlich ist. In dem Liede von Odysseus' Niederfahrt zur Unterwelt, welches selbst aus verschiedenen Stücken von verschiedenem Alter zu bestehen scheint, hängen über dem hungernden Tantalus unter anderen Früchten auch Feigen herab:

Nieder am Haupt ihm senkten die Frucht hochblättrige Bäume,
Voll von Granaten und Birnen und glanzvoll prangenden Äpfeln,
Auch süßlabenden Feigen und grünenden dunklen Oliven.

Die beiden letzten Verse finden sich dann in einem Bruchstück wiederholt, das in die altertümliche Beschreibung vom Palast des Alkinoos mit Unterbrechung des Zusammenhangs mitten eingeschoben ist und außer dem Hauswesen auch den Garten des Phäakenkönigs schildert, in welchem Traube an Traube, Feige an Feige unvergänglich sich reiht. Endlich in den letzten Szenen der Odyssee, einem jungen Anhängsel, erscheint Laertes als Pflanzer auch von Feigenbäumen.

Hesiod kennt die Feige und deren Kultur noch gar nicht; bei Archilochos aber (um 700 v. Chr.) erscheint sie sicher als Produkt seiner heimatlichen Insel Paros: »Verlaß Paros, seine Feigen und das Fischerleben!« – ein Vers, der vielleicht nicht jünger ist als die letzterwähnte Stelle der Odyssee. Später rühmte sich Attika, neben Sikyon, der besten Feigen, ja die Demeter hatte auf attischem Gebiet dem Phytalos, der sie gastlich aufgenommen hatte, den Feigenbaum als Geschenk aus der Erde sprießen lassen, wie bei anderer Gelegenheit Athene den Ölbaum, und Pausanias las noch die Grabschrift des Heroen:

Hier hat Phytalos einst, der Held, die hehre Demeter
Gastlich empfangen, und hier zuerst erschuf sie die Frucht ihm,
Die von dem Menschengeschlecht die heilige Feige genannt wird;
Seitdem schmückt des Phytalos Stamm nie alternde Ehre.

Daß dies Geschenk zugleich als Beginn eines edleren, gebildeteren Lebens gefühlt wurde, geht aus dem Namen *hegetería/hegetoría* hervor, mit dem eine am Feste der Plynterien in Athen aufgeführte Masse trockener Feigen benannt wurde: die Kultur der Feige erschien gleichsam als »Führerin« zu reinerer Sitte. Wein und Feigen wurden in Griechenland ein allgemeines Lebensbedürfnis, dem Armen und dem Reichen gemeinsam, und wie der Araber sich mit einer Handvolll Datteln begnügt, so reichten auch einige trockene Feigen dem attischen Müßiggänger hin, wenn er gaffend und je nach der Jahreszeit im Schatten oder in der Sonne liegend den Tag verbrachte. Was von Plato erzählt wird, er sei ein Feigenfreund, *philósykos*, gewesen (Plutarch), galt im Grunde von jedem Athener, und wie stolz der letztere auf dies Produkt seines Bodens war, lehrt die Sage vom Perserkönig Xerxes, der bei jeder Mittagstafel durch vorgesetzte attische Feigen sich daran erinnern ließ, daß er das Land, wo sie wüchsen, noch nicht sein nenne und jene Früchte, statt sie sich von den Einwohnern steuern zu lassen, als ausländische kaufen müsse (Athenaios, Plutarch). Der persischen Knechtschaft nun erwehrte sich die Stadt der Sykophanten, aber der Auflösung politischer Moral, an die dieser von den attischen Feigen hergenommene Name erinnert, und dem daraus folgenden Verderben entging sie nicht [*sykophántes* »Feigen-Anzeiger«, der Verstöße gegen das Verbot, Feigen aus Attika zu exportieren, aufspürt und gerichtlich anhängig macht, dann gewerbsmäßiger Denunziant überhaupt].

Mit der griechischen Kolonisation muß auch der Feigenbaum zu den Stämmen Unter- und Mittelitaliens gedrungen sein. Er findet sich in die römische Ursprungssage verflochten, denn unter der *ficus Ruminalis* [*rumis* die säugende Brust] sollen Romulus und Remus von der Wölfin gesäugt worden sein – ein Zug der Sage, der offenbar ganz der nämlichen Symbolik, nach welcher der strotzende fruchtreiche Baum ins hebräische Eden versetzt wurde, sein Dasein verdankt[3]. Später in der Kaiserzeit waren der Sorten und Benennungen schon so viele geworden, daß Plinius den gedankenvollen Ausspruch tat, man ersehe daraus wohl, daß das Bildungsgesetz, welches die Arten in festem Typus erhält, schwankend geworden sei: *ut vel hoc solum aestumantibus adpareat, mutatam esse vitam* [daß schon jeder, der allein dies berücksichtigt, klar erkennt, wie sich das Leben verändert hat]. Noch zur Zeit des Kaisers Tiberius wurden edle Feigenarten direkt von Syrien nach Italien versetzt (Plinius).

Wie damals ist noch heutzutage die Feige, sowohl frisch als getrocknet, die allgemeine und gesunde Nahrung des Volkes in Italien, besonders im südlichen Teile des Landes. Neben den einmal jährlich tragenden Bäumen gibt es eine Varietät, die zweimal trägt, im Sommer und im Spätherbst: *ficus bifera*. Die reifen Früchte müssen sogleich nach dem Abpflücken gegessen und dürfen nicht viel mit den Fingern berührt werden: daher die drastische Argumentation des Cato im römischen Senat, der eine Feige aus Karthago vorwies, die noch völlig frisch war: *tam prope a muris habemus hostem* [so dicht vor den Mauern steht der Feind] (Plinius). Sie war wohl, dürfen wir rationalistisch hinzusetzen, unreif gepflückt und durch Zeit und Drücken reif geworden. Die Feigen von Smyrna, die wir jetzt für die besten halten, kamen auch schon im Altertum unter dem Namen *caricae* und *cauneae* nach Italien und wurden damals, wie jetzt, gepreßt in Schachteln versandt. Auch die *ficus duplex* des Horaz [zwei zum Trocknen aufgeschnittene und danach gegeneinander geklappte Feigen] trifft man noch in Unteritalien und kann das Verfahren dabei aus der Anschauung leichter kennenlernen als aus den Worten der Alten. Wie von allen viel angebauten Kulturfrüchten gab es und gibt es auch von der Feige eine Menge Spielarten, besonders aber, wie bei dem Wein, zwei Hauptsorten, die purpurroten und die grünlichen, auch jetzt noch *neri* und *bianchi* genannt. Die letzteren als die süßeren dienen mehr zum Trocknen, die ersteren von mehr säuerlichem Geschmack werden frisch verzehrt.

In der heißen Zeit erquickt der Baum zugleich mit den riesigen Blättern an den winkligen, gliederreichen Zweigen durch erwünschten Schatten – im heutigen Griechenland und Italien wie zu Zeiten des Alten Testaments in Palästina; im verwilderten Stande wächst er malerisch aus den Spalten alter Mauern und in den Ruinen und an den Felsen; sein Holz, ein *inutile lignum* [ein unbrauchbares Holz], d. h. ein schwammiges, leicht berstendes und sich werfendes, so lang es frisch ist (daher Ausdrücke wie *sýkinos anér* [feigenartiger, d. h. nutzloser Kerl] bei Aristophanes [oder vielmehr bei Theokrit]), soll nach gehörigem Trocknen hart und fest werden wie Eichenholz.

1. Die stille Schönheit der Vegetation – ein in langen Perioden vielfach umgebildetes Produkt der Zivilisation.

2. Der Terrassenbau: Ein früher Versuch, die gestörte Ordnung der Natur wieder herzustellen.

3. *Der Ölbaum ist wie der Feigenbaum ein Gewächs des südlichen Vorderasiens.*

4. Die eben gereiften Früchte müssen Stück für Stück mit der Hand abgepflückt und ohne Zeitverlust unter die Presse gebracht werden.

Der Ölbaum

Der Ölbaum ist, wie der Feigenbaum, ein Gewächs des südlichen Vorderasiens, das in dieser seiner eigentlichen Heimat unter den dort wohnenden semitischen Volksstämmen frühe veredelt und durch Kultur zu lohnendem Fruchtertrag gebracht wurde. In allen Teilen des Alten Testaments finden wir das Öl zu Speisen, bei den Opfern, zum Brennen in der Lampe und zum Salben des Haares und des ganzen Körpers in allgemeinem Gebrauch. Tiefer nach Asien hinein verschwindet diese Kultur, denn der Ölbaum liebt das Meer und das Kalkgebirge, und auch Ägypten brachte kein Olivenöl hervor. An der griechischen Küste Kleinasiens, auf den Inseln und in Griechenland selbst wuchs der wilde Ölbaum häufig, der denn auch in den homerischen Gedichten öfters erwähnt wird; sein immergrünes Laub, das hohe Alter, das er erreicht, seine unzerstörbare Lebenskraft, das harte Holz, das eine schöne Politur annimmt, empfahlen ihn der Aufmerksamkeit des Volkes und der epischen Sage. So hat bei Homer die Axt des Peisandros einen langen, wohlgeglätteten Stiel von Olivenholz; die Keule des Kyklopen besteht aus demselben Material, wie die des Herakles bei Theokrit und andern; Odysseus hat sein Ehebett auf den im Boden haftenden Wurzelstock eines wilden Ölbaums gegründet, offenbar der Festigkeit wegen, weil der Ölbaum sich mit weitlaufenden Wurzeln an den Boden klammert, die Unverrückbarkeit des Lagers aber den sicheren Bestand der Ehe und des Besitzes bedeutet und verbürgt; eine *tanýphyllos elaíe* [ein Ölbaum mit länglichen Blättern] stand am Eingang der Höhle, im Grunde des Hafens, in dem die Phäaken den schlafenden Odysseus ans Land setzten, und erhält im Verfolg das Prädikat *heilig*: »am Stamm des heiligen Ölbaums« usw. Den Oleaster, von dessen Zweigen die Sieger in Olympia bekränzt wurden, hatte nach Erzählung der Elier Herakles von den Hyperboreern im äußersten Westen hierhergebracht (Pausanias), eine Sage, die auch Pindar sich angeeignet hat. Auf der Agora von Megara stand ein uralter wilder Ölbaum, der in die Heldenzeit hinaufreichte (Theophrast, Plinius).

So ist das Dasein des wilden Ölbaums in Griechenland zwar in den ältesten Quellen und Überlieferungen konstatiert, aber daß er auf griechischem Boden, in einem immerhin rauheren Klima, unter einer im Vergleich mit der semitischen noch jungen und unentwickelten Gesellschaft allmählich zur ölreichen Olive erzogen worden, hat keine Wahrscheinlichkeit: vielmehr führte der Völkerverkehr mit anderen wertvollen Gütern auch diese Kultur den Griechen zu. Die Frage ist nur, wie frühe? Der homerischen Welt ist das *Öl* nicht unbekannt, aber als unverkennbar exotisches Produkt, zum Gebrauch der Edlen und Reichen. Wenn die Helden gebadet oder gewaschen worden, wird der Körper in orientalischer Weise mit Öl eingerieben und glänzend und geschmeidig gemacht. Nausikaa, da sie zum Meeresufer fährt, erhält von der Mutter ein Fläschchen (*lékythos*) mit duftendem Öl; der Leichnam des Patroklos wird gewaschen und mit Öl gesalbt; ebenso die Mähne der Rosse des Achilleus, denn sie waren ja unsterblich, Söhne des Zephyr; in der Schatzkammer des Telemachos lag neben Gold, Erz und Wein auch duftendes Öl. Besonders köstlich und von wunderbarer Kraft ist die Salbe, deren die Göttinnen sich bedienen: Hera, die den Zeus verführen will, salbt sich mit göttlichem Öl, dessen Duft, wenn es bewegt wird, Himmel und Erde durchdringt; Aphrodite salbt den Leichnam des Hektor mit ambrosischem Rosenöl; Aphrodite wird auf Zypern von den Chariten mit dem unsterblichen Öl gesalbt, wie es den ewigen Göttern anhaftet; Penelope hat sich wegen der Trauer weder gewaschen noch gesalbt; da fällt sie in einen Schlummer, und Athene reinigt ihr währenddessen das Antlitz mit der unsterblichen Schönheit, mit der die schöngekränzte Kytherea sich salbt, wenn sie zum lieblichen Chor der Chariten geht. An zwei anderen homerischen Stellen, wo des Ölbaums Erwähnung geschieht, war schon den Alten die Erklärung schwierig: an der ersteren heißen die Röcke der tanzenden Jünglinge sanft glänzend von Öl, an der anderen rinnt von den Gewändern der sitzenden Mägde das Öl herab. Hier ist entweder der fließende Glanz des Zeuges mit dem des Öls nur verglichen, wo aber, wie man denken sollte, der gleichnisreiche Dichter sich weniger kurz und bestimmt ausgedrückt und uns sein »wie« oder »gleichsam« nicht vorenthalten hätte, oder die Fäden des Gewebes sind zum Behufe des Glanzes oder der Biegsamkeit schon ursprünglich mit Öl behandelt, so daß also das fertige Gewand, das die Mägde im Wunderpalaste des Alkinoos angelegt haben, buchstäblich von Öl trieft (*apoleíbetai hygrón élaion* [es tropft herab das feuchte Öl]) und sich beim Tragen auch triefend erhält – was keiner Widerlegung bedarf. Da im Morgenlande und bei den Göttern des Epos, wenigstens des späteren, duftende Kleider gewöhnlich sind – z. B. Psalm 45,9: »Deine Kleider sind eitel Myrrhen, Aloes und Kassia«; in dem schönen Fragment aus den Kyprien bei Athenaios sind die Kleider der Aphrodite von den Chariten und Horen in Frühlingsblumenduft getaucht, und sie trägt »ein Gewand, getränkt mit dem Duft aller Jahreszeiten« –, so ließe sich auch hier an ein flüchtiges Öl, an eine phönizische Essenz denken, mit der die Gewänder besprengt wurden; allein von Duft ist nicht die Rede, nur von Glanz, und die Analogie von *liparós* »fettig, glänzend«, z. B. *lipará krédemna* [schimmernde Schleier/glänzende Zinnen] entscheidet für die erste, schon von den Alten gegebene Erklärung. So ist auch die weiße steinerne Bank, auf der Nestor vor der Tür seines Hauses sitzt, »blank von Fett«, d. h. als wäre sie mit Fett überzogen, spiegelblank. Die großen Krüge mit *méli* und *áleiphar* auf dem Scheiterhaufen des Patroklos werden, da hier bei den Bestattungsbräuchen alles altertümlich ist, wie der Name sagt, Honig und Tierfett enthalten haben, zwei von dem primitiven Menschen hochgeschätzte Substanzen, die er auch den Toten mitgibt. Wenn im Schiffskatalog der Ilias der Fluß Titaresios, der in den Peneios fällt, sich mit dem Wasser des letzteren nicht mischt, sondern oben schwimmt, *eyt' élaion* [wie Öl], so mußte beim Baden und Waschen oft die Erfahrung gemacht werden, daß die Salbe sich auf dem Wasser schwimmend ausbreitet.

Nimmt man alle diese Stellen zusammen, so erscheint das Öl nicht als häufiges und verbreitetes Erträgnis des heimischen Bodens, sondern als Schmuckmittel, das der Handel aus dem Orient einführte, und das allmählich an die Stelle des Tierfettes trat. Es diente zum Abreiben des

Körpers, nicht aber zur Beleuchtung und Nahrung. Überall ist viel Zeit vergangen, ehe ein nördliches Volk sich entschloß, seine Speisen mit Öl anzurichten. Wie noch jetzt ein deutscher Bauer mit Behagen große Massen Speck verzehrt, sich aber schwer entschließt, Öl zum Gemüse hinzuzugießen oder sein Fleisch mit Öl zu braten, so weigerten sich die Gallier, wegen Ungewohntheit, wie Poseidonios sagt, den Gebrauch des Öles zur Küche anzunehmen. Nicht anders wird es bei den Griechen der älteren Zeit gewesen sein. Um so weniger können wir erwarten, daß der Baum selbst damals schon angepflanzt gewesen sei. Unter den ländlichen Szenen, die Hephaistos auf dem Schilde des Achilleus dargestellt hatte, befand sich ein schwarzer Acker mit Pflügern darauf, ein Erntefeld, ein Weinberg und eine Weinlese, eine Rinder- und eine Schafherde, aber noch kein Olivenhain. Ganz an denselben Stellen der Odyssee freilich, wo, wie früher erwähnt, der Feigenbaum genannt ist, wird auch des Ölbaums und seiner Früchte gedacht, aber diese Stellen gehören, wie auch schon oben bemerkt, zu den jüngeren Bestandteilen der Odyssee und fallen wohl nicht viel früher als die Olympiadenrechnung. Von dem Schluß der Odyssee ist dies unzweifelhaft, bei den beiden anderen Stellen (in dem Bruchstück von den Höllenstrafen in der Nekyía und in dem gleichen, das in der Beschreibung des Palastes des Alkinoos eingeschoben ist), die zusammen eigentlich nur eine sind, da die eine offenbar nur eine Wiederholung der anderen gleichlautenden ist, erhellt wenigstens die spätere und nachträgliche Einfügung. Auch an diesen Stellen erscheint übrigens der Ölbaum nur als ein neben Äpfeln, Birnen, Granaten und Feigen der eßbaren Früchte wegen gezogener Gartenbaum, nicht als Objekt ländlicher Kultur der Ölgewinnung wegen.

Mitten in der ursprünglichsten und herrlichsten Partie des Gesanges von Odysseus' Rückkehr kommt allerdings ein Vers vor, der, wenn die gewöhnliche Deutung richtig wäre, nötigen würde, das Dasein kultivierter Ölbäume anzunehmen: Odysseus, an das Ufer von Scheria ausgeworfen, findet im Walde zwei ganz zusammengewachsene, gegen Wind und Sonne Schutz gewährende Sträucher:

> *»und er trat unter zwei Büsche (ein Doppelgebüsch),*
> *sie wuchsen am selben Ort, eine* phylía *der eine, eine* elaía
> *der andere«.*

Ist nun hier *phylía* der Oleaster, so läßt sich *elaía* nur als fruchttragender Olivenbaum fassen. Allein das Wort *phylía* gehört zu denjenigen, von denen offenbar die Alten selbst nicht mehr wußten, was der Dichter mit ihnen bezeichnet hat. Ammonius erklärt *phylía* als *schínos*, Mastixbaum, andere verstanden darunter eine Abart des Ölbaums mit myrtenähnlichen Blättern, und für letztere, behauptet Eustathius, sei der Name noch bis auf seine Zeit bei vielen gebräuchlich. Auch Pausanias nennt die *phylía* unter den Arten unfruchtbarer Ölbäume: »alles, was es an unfruchtbaren Ölbäumen gibt: den *kótinos*, die *phylía* und den *élaios*«. Der spätere Gebrauch, wenn er wirklich stattfand, wird seine Quelle wohl nur in eben diesem Verse Homers haben. Das Wort *phylía* trägt noch deutlich eine allgemeine abstrakte Gestalt an sich. Es ist aus der Wurzel *phy* [wachsen, entstehen] gebildet, wie *phytón, phýsis, phýma*, nur mit anderem Suffix, demselben, das auch in *phylé* und in *phýllon* (für *phýlion*) und lateinisch *folium* erscheint. *Phylía* ist also das Gewächs überhaupt, und zwar das immergrüne, da in diesem die Lebenskraft als besonders reich sich darstellt; die Bedeutung mag in jener frühen Zeit sich noch nicht individualisiert haben oder je nach den Landschaften verschieden. Soll aber auf eine bestimmte Pflanze geraten werden, so würde sich mit Bezug auf eine Stelle des Theophrast die *Myrte*, die bei Homer nicht genannt wird, am natürlichsten darbieten. Theophrast nämlich meint, einige Bäume schienen sich zu lieben, und berichtet nach einem älteren Gewährsmann, Androtion, Myrte und Olivenbaum pflegten ihre Wurzeln durcheinander zu flechten und die Zweige der Myrte durch die Äste des Ölbaums zu wachsen, andern Pflanzen aber sei die Nähe des Ölbaums zuwider. Vielleicht stammt auch dieser Glaube nur aus Homer; aber an welches Gewächs man auch denken mag (z. B. an die Steinlinde, Phillyrea, oder an eine Art Elaeagnus), *elaíe* ist auch an dieser Stelle der wilde, strauchartige, als *thámnos* bezeichnete Oleaster, ein Gewächs des Waldes, fern von der Stadt, in der Nähe des Wassers, wie der Dichter ausdrücklich sagt. Nicht so leicht ist die Entscheidung an einer anderen Stelle, wo des Ölbaums Erwähnung geschieht: Dort hat Menelaos den Euphorbos, Sohn des Panthoos, mit dem Speer durchstochen, und der Getroffene sank hin, gleich dem Sproß des grünenden Ölbaums, den ein Pflanzer an einsamem, wasserreichem Orte aufzieht; die Lüfte umwehen ihn von allen Seiten, er bedeckt sich mit weißer Blüte;

plötzlich aber kommt ein Wirbelwind, reißt ihn aus der gegrabenen Vertiefung und streckt ihn über den Boden hin. Hier wäre allerdings möglich, an einen Setzling des Oleasters zu denken, der einst nicht Früchte, sondern Schatten, Holz, grüne Zweige geben soll: doch ist die Anpflanzung eines Waldbaumes in der noch waldreichen homerischen Zeit nicht wahrscheinlich.

Wir werden also, alles zusammenfassend, sagen dürfen: in der vielleicht langen Zeit, deren Denkmäler uns bei Homer vorliegen, sehen wir die Feigen- und Olivenkultur erst fremd und unbekannt, dann sich ankündigen, dann in späteren Zusätzen und in einem Gleichnis deutlich hervortreten, zunächst natürlich auf ionischem Küsten- und Inselboden.

Auf diesem Boden blühte auch in der nachhomerischen Epoche der Ölbau. Die Insel Samos heißt bei Aischylos *elaióphytos*, olivenbepflanzt; für Milet und Chios ist ein noch älteres Zeugnis in der Anekdote enthalten, die Aristoteles aus dem Leben des Thales berichtet. Thales nämlich schloß aus meteorologischen Gründen, *ek tes astrologías*, daß eine ungewöhnlich reiche Olivenernte bevorstehe; er pachtete also für das kommende Jahr sämtliche Olivenpressen in Milet und Chios, zog dann, als der vorausgesehene Überfluß wirklich eintrat, beträchtlichen Gewinn aus der Aftervermietung derselben und bewies so, daß auch ein Philosoph, wenn er wolle, aus seiner Wissenschaft irdischen Vorteil ziehen könne. Auf der Insel Delos, die von den ionischen Kykladen umgeben war und wo schon in älterer Zeit Festzüge der Ionier sich vereinigten, hatte Leto bei der Geburt ihrer beiden Kinder [Apollon und Artemis] entweder die delische Palme mit den Armen umfangen (so im homerischen Hymnus an den delischen Apollon und bei Theognis) oder sich an den Olivenbaum gehalten (Hygin, Catull) oder an beide Bäume sich gelehnt (Aelian, Iliasscholion, Ovid). Der Chor in der »Taurischen Iphigenie« des Euripides sehnt sich nach Delos zur Palme, zum Lorbeer und zur heiligen Olive, die er als *Latoús odína phílan* [Letos seligen Geburtsschmerz] bezeichnet. Kallimachos nennt im Hymnus auf Delos erst die Palme, gleich darauf das *genéthlion érnos elaíes* [den Geburtsbaum Olive], (wo die feste Formel *érnos elaíes* nicht auseinandergerissen und *genéthlion* in natürlicher Weise nur auf die Geburt der Leto gedeutet werden kann). Nach Strabo ruhte die Göttin nach der Geburt unter dem Ölbaum nur aus, durch welche Wendung die abweichenden Gestalten des Mythos glücklich vereinigt wurden. Die Ephesier behaupteten später, nicht auf Delos, sondern bei ihnen sei die Geburt am Fuße des Ölbaums erfolgt, und jener Baum sei noch vorhanden (Tacitus, Strabo), wie es auch eine Quelle *Hypélaios* »Unter den Oliven« bei Ephesos gab, die in die Gründungssage der Stadt verflochten war (Strabo, Athenaios). Da der Ölbaum dem apollinischen Kultus sonst fremd ist (denn der – bei Athenaios genannte – dem Apollon geweihte Ölbaum in Milet ist eine ganz vereinzelte Erscheinung), so mag vermutet werden, die Olive auf Delos und der an sie geknüpfte Mythos sei dort nicht ursprünglich, sondern verdanke ihr Dasein erst den Athenern und dem übergreifenden Athenedienst; auf Rhodos aber, dieser einst ganz phönizischen Insel, die dann zum Gebiet der dorischen Kolonisation gehörte, muß der Ölbaum in hohes Altertum hinaufgehen. Dort besaß die Stadt Lindos einen Tempel der Athene, den schon die Danaiden gebaut und in dem Kadmos Weihgeschenke zurückgelassen hatte, mit einem Olivenhain, gegen welchen die Ölbäume von Attika zurückstanden (Anthologia Graeca).

Auf dem griechischen Festlande finden wir in dem Kreise, den die Hesiodischen Gedichte beschreiben – also in äolisch-böotischer Sittensphäre –, noch keine Spur von Olivenzucht; denn ein von Plinius angeführter angeblicher Ausspruch des Hesiod über die Langsamkeit des Wachstums der Olive ist sowohl in betreff der Zeit als des wirklichen Urhebers desselben allzu unsicher. Bei den späteren Griechen galt Athen als der Ursitz dieser Kultur, ja, es gab nach einem merkwürdigen Ausspruche des Herodot eine Zeit, und sie war noch nicht lange vergangen, wo es sonst nirgends auf Erden Ölbäume gab als in Athen. Als nämlich die Epidaurier, von Mißwachs heimgesucht, sich an das delphische Orakel wandten, gab dieses den Rat, Bildsäulen der Damia und Auxesia aus dem Holze der zahmen Olive aufzustellen, sie baten also die Athener um Erlaubnis, einen der attischen Ölbäume umhauen zu dürfen, da sie die dortigen für die heiligsten hielten, oder, wie auch gesagt wird, weil sonst nirgends Ölbäume existierten. Die Athener bewilligten die Bitte unter der Bedingung, daß die Epidaurier jährlich der Athene Polias und dem Erechtheus Opfer brächten. Damals waren die Aegineten Epidauros untertan; »seitdem aber« (*to de apó toúde*) fielen sie von ihrer Mutterstadt ab, raubten die beiden Bilder und gerieten, da sie die ausbedungenen Opfer unterließen, mit

Athen in Feindschaft. Über den Zeitpunkt dieser Begebenheit berichtet Herodot nichts; nach Otfried Müllers Vermutung fiele sie etwa in die 60. Olympiade, also in Peisistratos' Zeit, doch darf man sie wohl in die erste Hälfte des 6. Jahrhunderts hinaufrücken. Schon am Beginn des genannten Jahrhunderts hatte Solon gesetzliche Bestimmungen über Oliven- und Feigenbau erlassen (Plutarch), der also doch schon einige Wichtigkeit haben mußte, wenn auch erst Peisistratos, der Schützling und Verehrer der Athene, direkt für den Anbau des nützlichen Baumes auf der bis dahin kahlen und baumlosen Landschaft sich bemüht haben soll (Dio Chrysostomos). In der Akademie standen die der Göttin geweihten unantastbaren Ölbäume, die *moríai*, die einen reichen Ertrag geliefert haben müssen – anders als sonst heiliges Besitztum zu tun pflegt –, da bei den großen Panathenäen, die Peisistratos gestiftet hatte, im gymnischen Agon die den Siegespreis bildenden, in bedeutender Zahl gereichten Ölkrüge von daher gefüllt wurden. Die Bäume in der Akademie stammten von der Mutterolive auf der Burg, der *asté elaía*, die von Athene selbst geschaffen war und später nach der Verbrennung durch die Perser von selbst wieder aufsproßte. Da sie *págkyphos* [tief gebückt] heißt, ist sie als ein bloßer niedrig kriechender Wurzeltrieb zu denken.

Daß die Attiker *elaía* und *kótinos*, den zahmen und wilden Ölbaum, durch eigene Benennungen unterschieden, beweist schon, daß hier die Kultur des veredelten Baumes, der *felix oliva*, festen Bestand gewonnen hatte, wie auch Pindar in einem seiner Hymnen *ágrios élaios* [wilde Olive] sagte und Herodot in der oben angeführten Stelle das Orakel von dem Holze der *zahmen* Olive, *hemeres elaies*, sprechen läßt. In Attika kam der weißliche Kalkboden, die *gé skirrás* der attischen Halbinsel, der dem Getreidebau wenig förderlich war, der Olive begünstigend entgegen, und sie gedieh hier – nach den Worten des Chors im »Ödipus auf Kolonos« – »wie nicht im Lande Asien noch auf der großen dorischen Pelopsinsel«. Warum aber wurde gerade Athene die Schutzherrin der neuen Kultur, und warum verflocht sich Öl und Ölbaumzucht so innig und mannigfach mit dem Dienst der aus dem Haupte des Himmels unmittelbar hervorgegangenen Lichtgöttin? Nach Suidas, weil das Öl zur Leuchte diente und der Ölbaum das Feuer nährte (»Die Athenestatue: sie stellen sie dar ... mit dem Ölbaum, weil er von höchster Reinheit ist: er dient ja als Material für die Fackel«) – woraus zugleich hervorginge, daß die Anwendung des Öls zum Brennen in der Zeitfolge die zweite war, wie die als Nahrungsmittel die dritte. Homer kennt noch keine Beziehung der Olive zu der Göttin, denn aus dem Beiwort »heilig«, welches bei Homer an einer Stelle dem Ölbaum gegeben wird – »am Stamm des heiligen Ölbaums« –, läßt sich eine solche nicht erschließen (das älteste Gedicht von Odysseus' Rückkehr, aus dem der jüngere Fortsetzer sowohl den Ölbaum als die Phrase »am Stamm des Ölbaums« genommen hat, enthält auch das Adjektiv »heilig« noch nicht). Als seit den Peisistratiden der Ölbau den Hauptreichtum und die auszeichnende Eigenschaft des attischen Landes bildete, als die Athener prahlten, vor noch nicht so langer Zeit sei nur bei ihnen und sonst an keinem anderen Ort der Erde ein zahmer Ölbaum zu finden gewesen, als sie auf jedes Land, wo nur Getreide und Ölbäume wuchsen, als auf ihr Eigentum Anspruch machten (Cicero: *Athenienses jurare etiam publice solebant, omnem suam esse terram quae oleam frugesve ferret*), da konnte dieser Segen und Stolz ihres Landes nicht anders als der unterdes immer mehr in der Bedeutung gestiegenen Landesgöttin geweiht und von ihr als Geschenk gespendet sein. Daß auf dem Burgfelsen einst wilde Ölbäume wuchsen, daß einer von diesen mit einem über Meer gekommenen oder an einem der Küstenorte gewachsenen edlen Zweige gepfropft worden und von diesem weiter andere Reiser und Setzlinge abstammten, daß die *vivax oliva* [die zählebige Olive] nach dem persischen Brande wieder neu aus der Wurzel trieb: das alles kann immerhin Wirklichkeit sein, doch bedurfte der Mythos solchen realen Anhaltes nicht. Als gegen Ende der Perserkriege der alte Nationalheld Theseus mit seinen Abenteuern und Taten in verklärtem Licht ins Bewußtsein trat, da hatte auch er schon vor der Abfahrt nach Kreta vom heiligen Ölbaum einen Zweig gebrochen, ihn mit weißer Wolle umwunden und bittend im Delphinium dem Apollon niedergelegt (Plutarch). – Auch in Sikyon, welches aus gleichem Grunde wie Attika, nämlich des günstigen Bodens wegen, als *olivifera* [Oliven tragend] berühmt war und Olivenfrüchte, *Sicyonias baccas*, reichlich hervorbrachte, hatte der alte fabelhafte König Epopeus der Athene einen Tempel gebaut und die Göttin ihm zum Zeichen ihres Wohlgefallens vor dem Tempel eine Ölquelle aufsprudeln lassen (Pausanias) – ihm also unmittelbar das Öl geschenkt, das die Athener und überhaupt die späteren Zeiten sich erst durch

Anpflanzung, Lese, künstliche Pressen usw. erarbeiten mußten.

Als während des ersten Jahrhunderts der Olympiadenrechnung die Küsten des Westens, Italiens, Siziliens, Galliens zahlreiche und bald aufblühende griechische Ansiedelungen empfingen, da öffnete sich für die Olive ein neuer, großer Bezirk, den sie allmählich einnehmen und beherrschen und in dem sie sich heimisch fühlen sollte, fast wie im Mutterlande. Im Laufe des siebenten, sicher aber in dem des sechsten Jahrhunderts bedeckten sich nach und nach die herrlichen Hügellandschaften und Küstenabhänge der Inseln und Süditaliens mit jener fruchttragenden und immergrünen Waldung. Vielleicht aber war es keine griechische, sondern eine phönizische Hand, die hier im fernen Westen den allerersten Olivenkern in die Erde senkte oder den ersten mitgebrachten Steckling pflanzte. Ein Mythos nämlich, der uns hier entgegentritt, der von Aristaios, scheint eine dunkle Erinnerung dieses Verhältnisses zu enthalten. Aristaios, ein alter arkadischer, thessalischer, böotischer Hirtengott, den die ersten Ansiedler mit nach Sizilien gebracht hatten, galt bei ihren Nachkommen später als der Erfinder der Olive und des Öles, Cicero: *Aristaeus qui olivae dicitur inventor*, Plinius: *oleum et trapetas Aristaeus Atheniensis* (*invenit*), Diodor: »Dieser hat als erster die Menschen gelehrt, das Öl zu gewinnen; er selbst hatte es von den Nymphen gelernt.« Nach einem Theokritscholion berichtete auch Aristoteles, die Nymphen hätten den Aristaios die »Herstellung des Öls gelehrt«. Man bemerke, daß Aristaios nicht, wie Athene, den Ölbaum erschaffen, sondern das Öl oder die Olive *erfunden* hatte, daß er die *katergasía ton elaión* oder *tou elaíou*, also die Ölbereitung, gelehrt, zu der auch der Gebrauch der Ölpresse, *trapetum, trapetus*, plur. *trapetes*, gehört und daß er gerade bei der Lese der Früchte von den Bewohnern Siziliens göttlich verehrt wurde (Diodor). Nun war aber derselbe Aristaios, noch ehe er Sizilien betrat, Herrscher der den Griechen fremden Insel Sardinien gewesen (Pausanias, Aristoteles, Servius' Kommentar zu Vergils Georgica), hatte auf derselben die Acker- und Baumkultur eingeführt, da sie vorher nur von vielen und großen Vögeln bewohnt gewesen war, und daselbst zwei Söhne gezeugt, den *Chármos* ([*chárma* Freude] Aristaios selbst ist bei Pindar »die stolze Freude befreundeter Männer«) und den *Kallíkarpos* [Schönfrucht] (bei Homer ist das Adjektiv *aglaókarpos* [fruchtprangend], da jenes nicht ins Metrum ging). Von Sardinien kommt er nach Sizilien, welches von Aischylos *kallíkarpos* [reich an schönen Früchten] genannt wird, wie auch Kyrene bei Strabo *kallíkarpos* ist, humanisiert auch diese Insel und erfindet außer andern ländlichen Künsten besonders das Öl und die Prozedur der Ölgewinnung. Wie nun Aristaios dem neuen übermächtig und glanzvoll auftretenden Glauben an die ihm wesensverwandten Götter Apollon und Dionysos gegenüber sich nicht hatte halten können, sondern zu deren Sohne und Erzieher wurde, so verschmolz er auch sichtlich mit einem libyphönizischen Gotte, den die griechischen Einwanderer schon vorfanden und in den Kreis ihrer Vorstellungen aufnahmen. Dieser Gott, der Sohn der Nymphe Kyrene, der auch in Kyrenaia zuerst das Silphion gepflanzt hat, kann nicht anders als von Afrika nach Sardinien gekommen sein; von Sardinien kam er nach Sizilien; sein Gewächs oder seine Erfindung muß denselben Weg genommen haben. Über die Zeit freilich sagt der Mythos nichts, und ob die Griechen in der Umgegend der phönizischen Handelsniederlassungen, die sie mit bewaffneter Hand besetzten, Olivengärten vorfanden oder nicht, muß zweifelhaft bleiben. Später, als auch im griechischen Mutterlande das Öl seine wichtige Stelle in der Ökonomie der Sitten eingenommen hatte, da begegneten sich in Sizilien beide Strömungen, die karthagische und die von dem Vorbild Attikas ausgehende.

Wenden wir uns zum Festland Italien, so tritt uns hier beim ersten Schritt eine Art chronologischer Notiz entgegen, ein Glücksfall, der in der ältesten Kulturgeschichte so äußerst selten ist. Plinius nämlich berichtet nach dem Annalisten L. Fenestella, zur Zeit des Tarquinius Priscus [im 173. Jahr seit der Gründung Roms] sei in Italien noch kein Ölbaum vorhanden gewesen: *Fenestella vero (ajebat oleam) omnino non fuisse in Italia Hispaniaque aut Africa Tarquinio Prisco regnante ab annis populi Romani CLXXIII.* Wenn diese Nachricht nicht bloß ein Echo der oben angeführten Stelle des Herodot ist – und die Hinzufügung von Spanien und Afrika ist geeignet, diesen Verdacht zu wecken –, so dürfen wir sie positiv wenden und dahin auslegen, daß die Zeit der Tarquinier die Zeit lebhafter Verbindungen mit den kampanischen Griechen war, die mit andern griechischen Künsten auch die Olive nach Latium brachte. Vielleicht stammt die Notiz aus einer kumanischen Geschichtsquelle. Daß der Baum jedenfalls von den Griechen und nicht etwa auf anderem Wege den Latinern zukam, beweisen die lateinischen

Wörter *oliva, oleum*, die dem Griechischen entlehnt sind, und so viele auf Olivensorten und die Manipulation bei der Ölbereitung bezügliche Ausdrücke, die gleichfalls griechische, im lateinischen Munde oft ein wenig entstellte Benennungen sind: *orchis* [eine hodenartig aussehende Olive], *cercitis, druppa* [die vollreife Olive], *trapetum* [die Ölpresse], *amurca* [Ölschaum] usw. Wenn auf dem Hute des flamen Dialis die oberste Spitze, der *apex*, aus einem Reise vom Ölbaum bestand (Festus) und dieses mit Wolle umwunden und befestigt war (Servius), so ergibt sich, daß auch dieser sehr alte Gebrauch gleichwohl jünger ist als die Ankunft der Griechen in Italien und der Verkehr der Latiner mit ihnen. Denn was ist der mit wollenen Fäden umwundene Ölzweig anders als die entlehnte griechische *eiresióne*? Vielleicht klingt eine Erinnerung davon in der Angabe nach, daß die *virga lanata* [der mit Wolle umwickelte Ölzweig] zuerst in Alba von Ascanius angeordnet sei (Servius), sie war also weder etruskisch noch sabinisch. Bei Vergil freilich tritt der König Numa sowie der marsische sacerdos mit Ölzweigen geschmückt auf, aber hier hat die dichterische Phantasie, die auch sonst in der Aeneis vom Olivenlaube reichlich Gebrauch macht, die spätere griechische Sitte den Helden der Urzeit geliehen. Bei den Triumphen siegreicher, lorbeergeschmückter Feldherren trugen die Diener oder die Anordner des Triumphs, die selbst nicht in der Schlacht gewesen waren, Kränze von Olivenzweigen (Paulus: *oleagineis coronis ministri triumphantium utebantur*. Gellius: *oleaginea corona, qua uti solent, qui in proelio non fuerunt, sed triumphum procurant*), also in griechischer Weise als Zeichen mehr friedlicher als kriegerischer Beschäftigung. Auch bei der Ovation, einer geringeren Art des Triumphes, bestand der Ehrenkranz aus gleichem Laube (Plinius – wenn hier nicht ein Versehen vorliegt, da bei der *ovatio* sonst immer die Myrte, auch von Plinius selbst, genannt wird). Bei der jährlich am 15. Juli zu Ehren des Kastor und Pollux gefeierten *transvectio equitum* [der Parade der römischen Ritter] dienten gleichfalls Kränze aus Ölzweigen als Schmuck: die Verehrung der genannten Heroen war großgriechischen Ursprungs.

Dies alles sind Symptome der Bekanntschaft mit der Olive schon in den frühen Zeiten der Republik, aber noch nicht Beweise wirklichen Anbaues derselben. Letzterer mußte sich von den verschiedenen griechischen Mittelpunkten aus überall hin verbreiten, wo nur der Boden dies zuließ, zuerst an der Küste, dann in den innern Landschaften, in demselben Maße, als das natürliche Vorurteil gegen den Ölgenuß bei den doch hauptsächlich vom Ertrage der Herden lebenden Eingeborenen sich minderte. Bei dem komischen Dichter Amphis, der in der zweiten Hälfte des vierten Jahrhunderts, etwa in der Zeit von Philipp und Alexander von Mazedonien lebte, wird das Öl von Thurii, also der Gegend des alten Sybaris, gerühmt (Athenaios). Von daher und von Tarent mochte die kalabrische Olive, die auch *oleastellus* hieß (Columella), und die *Sallentina*, die schon Cato nennt, stammen; die hochberühmte *Liciniana* oder *Licinia* im ager Venafranus in Campanien und die vom Berge Taburnus an der Grenze von Campanien und Samnium (Vergil) wird zuallererst von den campanischen Griechen eingeführt worden sein. Die sabinischen Berge trugen viel Öl: die Sorte *Sergia* aber, *quam Sabini Regiam vocant* [die die Sabiner »die königliche« nennen] (Plinius), war eine große der Kälte widerstehende, ölreiche, aber nicht feine (Columella) – bei der also dasselbe eintrat, wie bei dem in die kälteren Gegenden des Nordens verpflanzten Weinstock.

Jenseits des Apennin, wo die herrlichen Kornebenen sich öffnen, duldete, wie auch heutzutage, das Klima keinen Ölbaum mehr, der aber in Picenum, also der Gegend der heutigen Mark Ancona, die schon zu Süditalien gerechnet werden kann, noch blühte (Martial). Italien war im ersten Jahrhundert vor Christo schon so reich an Öl und dies Produkt so vorzüglich und zugleich so wohlfeil, daß die Halbinsel allen Ländern den Rang darin ablief (Plinius: *principatum in hoc quoque bono obtinuit Italia toto orbe*). Von Massilia war, wie der Wein, so auch die Olive, begünstigt durch Boden und Himmel der Provence, allmählich ins gallische Land vorgerückt, doch natürlich ohne dem Wein bis in die Täler der Marne und der Mosel zu folgen. Massaliotischer Herkunft waren ohne Zweifel auch die Ölpflanzungen an der ligurischen Küste, die noch heutzutage *ein* ungeheurer, üppiger Olivengarten ist. In kurzer Entfernung vom Meere, wo das Gebirge sich hebt, mußte der Ölbaum verschwinden, daher die Reiser und Kränze, mit denen die Alpenbewohner dem Hannibal unter dem Schein der Freundschaft entgegenzogen (Polybios), keine Ölzweige gewesen sein werden, obgleich das von Polybios gebrauchte Wort *thalloí* in der Regel diese Bedeutung hat. Zu Strabos Zeit lieferte Genua diesen Gebirgsvölkern Öl und bezog von ihnen dagegen Vieh, Häute und Honig. Auf der entgegengesetzten Seite Italiens, im Gebiet der Pomündungen, verbot der niedrige wasserreiche Boden die Einführung der Olive, so alt und lebhaft der Verkehr dieser Gegend mit den ionischen Inseln, mit Tarent, später mit Syrakus usw. auch war. Umgekehrt verhielt es sich mit dem gegenüberliegenden Istrien und Liburnien, deren zum Meere absteigende, sonnige, kalkreiche Hügel, geschützt durch das hinter ihnen sich erhebende Gebirge, zum Anbau einladen und denselben reichlich lohnen mußten. Auch kam das Öl von Istrien oder vielmehr nur der westlichen Küste dieser Halbinsel – denn Istrien hat, der Krim vergleichbar, einen Meeresrand mit subtropischem Klima und Pflanzenwuchs und ein rauhes, unwirtliches, von Nordwinden gepeitschtes Innere – in der Schätzung gleich nach dem italischen und wetteiferte mit dem von dem spanischen Baetica (Plinius: *reliquum certamen inter Histriae terram et Baeticae par est*). Das Öl, welches Aquileja gegen Vieh, Häute und Sklaven in die illyrischen Donauländer einführte (Strabo), wird eben dies histrische gewesen sein, wobei zugleich die Tatsache interessant ist, daß die Pannonier und Kelten der genannten Gegend zu Strabos Zeit nicht bloß den Wein, der allen Barbaren willkommen ist, sondern auch schon das Öl – wenn auch nur als Brennöl in Lampen – begehrten. Noch zur gotischen Zeit, nach so vielen Stürmen und Schrecken, hatte jene Region Überfluß an Oliven, wie wir aus Cassiodor sehen: »Das oberhalb des Ionischen Meerbusens gelegene Gebiet, das sich in unmittelbarer Nähe von euch befindet, ist nämlich voll von Oliven«. Apicius, Palladius und die Geoponika lehren durch allerlei gewürzige Zutaten künstlich *oleum Libur-*

nicum darstellen, welches also zur Zeit dieser späten Gewährsmänner im Rufe stand. Die soeben erwähnte Provinz Baetica führte auch nach Strabo nicht bloß viel, sondern auch das schönste Öl aus, und das bätische Cordoba übertraf oder erreichte die berühmten Olivengärten von Venafrum und Istrien:

Uncto Corduba laetior Venafro,
Histra nec minus absoluta testa.

[Cordoba, fetter noch als das öltriefende Venafrum und nicht weniger vollkommen als der istrische Ölkrug (Martial).]

Daß Spanien, ein südliches Land mit großer Mannigfaltigkeit der Lagen und des Bodens, in demselben Maße als die fremde Zivilisation sich erst der Küsten und dann des Inneren bemächtigte und darin Bestand gewann, auch den Ölbaum aufnahm, liegt in der Natur der Dinge. Als das römische Reich seine Vollendung erreicht hatte, war auch die edle Olive von ihrem Ausgangspunkt, dem südöstlichen Winkel des mittelländischen Meeres, über alle Länder verbreitet, die ihren heutigen Bezirk bilden, und gedeiht an manchen Punkten des europäischen Südwestens so gut, als wäre sie dort geboren und immer dagewesen. Nach dem Volksglauben, der schon bei den Alten herrschte, trägt der Ölbaum in Europa nur alle zwei Jahre; davon aber ist nur so viel wahr, daß, wenn der Baum sich durch eine besonders reiche Fruchtbildung erschöpft hat, seine Kraft im nächsten Jahr zu einer gleichen nicht ausreicht, es müßten ihm denn die allergünstigste Witterung oder ein außerordentlicher Kulturbeitrag zur Hilfe kommen. Auch daß die Olive sich nicht weiter von der Küste als 300 Stadien (oder 7½ geogr. Meilen) entferne, wie Theophrast meinte, ist nicht buchstäblich, sondern nur in dem Sinne richtig, daß sie den Anhauch des mittelländischen Meeres liebt, daß aber zu ihrem Gedeihen auch z. B. der Spiegel des Gardasees genügt. Ohnehin fällt ihre Verbreitungssphäre ziemlich genau mit dem Oval der Ufergegenden des mittelländischen Meeres und seiner Buchten zusammen.

Schön im Sinne der Romantik ist der Baum der Minerva nicht, aber nichts erweckt mehr das Gefühl der Kultur und friedlicher Ordnung und zugleich der Dauer derselben, als wenn er in offenen, gereinigten Hallen mit dem kaum merklich flüsternden Laube an gewundenen Stämmen die Hügel ersteigt oder die geneigten Ebenen leicht beschattet, und gern gesteht man ihm dann mit Columella das Prädikat *prima omnium arborum* [erster unter den Bäumen] zu. Indessen fehlt viel, daß das Produkt überall dem der Provence oder dem von Genua und Lucca gleichkäme. Das calabrische, sizilische und sardinische Öl ist meistens unrein und nur zur Seifenbereitung und in Tuchfabriken anwendbar. Der Grund liegt in der mangelhaften Darstellungsart, und diese wieder erklärt sich aus den ungünstigen agrarischen und volkswirtschaftlichen Verhältnissen. Besonders die Ernte erfordert die größte Vorsicht im einzelnen: die eben gereiften Früchte müssen Stück für Stück mit der Hand abgepflückt und ohne Zeitverlust unter die Presse gebracht werden; Schnelligkeit und Reinlichkeit sind dabei wesentliche Bedingungen. Zu all dem aber fehlt es in den genannten Gegenden an Kapital, an Einrichtungen und an Händen. Man schlägt die von Natur zarten Früchte entweder mit Stecken ab oder, was noch übler ist, wartet, bis sie, überreif und halbfaul, von selbst abfallen (über beides klagen schon die Alten, z. B. Plinius); dann bleiben sie in Haufen liegen und geraten in Gärung, ehe eine Ölmühle frei wird. Letztere ist auch meistens so unvollkommen konstruiert, daß sie Arbeitskraft verschwendet und einen beträchtlichen Teil Öl in den Trestern zurückläßt. Da der gemeine Mann das so gewonnene übelriechende Produkt, als von kräftigerem Geschmack, dem feinsten provençalischen Tischöl, welches ihm nichtssagend erscheint, vorzieht, so fühlt er sich natürlich auch nicht durch das Bedürfnis aufgefordert, auf die Herstellung des letztern besonderen Fleiß zu wenden. Bei all dem sind in neuerer Zeit die Fortschritte unverkennbar. Wenn erst infolge eines natürlicheren Blutumlaufes im Volkskörper der gedrückte Stand der Pächter sich heben wird, dann muß in der Ölkultur eine Quelle des Wohlstandes für den gebirgigen Süden des neuen Königreiches [des seit 1861 unter Viktor Emanuel II. geeinten Italiens] sich öffnen.

»Zwei Flüssigkeiten«, sagt Plinius, »gibt es, die dem menschlichen Körper angenehm sind, innerlich der Wein, äußerlich das Öl, beide von Bäumen kommend, aber das Öl etwas Notwendiges.« Demokrit von Abdera, der berühmte Philosoph, der über 100 Jahre alt wurde, erwiderte auf die Frage, wie man gesund bleiben und seine Tage verlängern könne, mit der diätetischen Regel: innerlich Honig, äußerlich Öl (Diophanes in den Geoponika und Athenaios). Ähnlich war die Antwort des hundertjährigen Pollio Romilius auf die Frage des Kaisers Augustus, durch welches Mittel er sich so rüstig erhalten habe: »innerlich durch Wein mit Honig, äußerlich durch Öl«, *intus mulso, foris oleo* (Plinius). Heutzutage dient das Öl nicht mehr zur äußern Körperpflege oder nur in Gestalt von Seife; aber eben die den Alten unbekannte Seife, eine nordische Erfindung, hat die orientalisch-griechische Sitte, den Leib zu salben, die in Italien ohnehin nur bei den höheren Klassen herrschte, ganz und gar verdrängt. Nur die Salbung der Könige und Kaiser und die letzte Ölung sind noch ein verklingendes Echo der alten Römerzeit.

Die Baumkultur

Wo die Kultur der drei genannten Gewächse, des Weines, der Feige und des Ölbaumes, in größerem Maßstab sich festsetzte, da mußte Lebensart und Beschäftigung der Menschen eine andere werden, das Land ein anderes Ansehen gewinnen. Die Baumzucht war ein Schritt mehr auf der Bahn fester Niederlassung: erst mit ihr und durch sie wurde der Mensch ganz ansässig. Der Übergang vom unsteten Hirtenleben zur festen Ansiedelung ist nirgends ein plötzlicher gewesen, sondern führte immer durch zahlreiche Zwischenstufen, auf denen die Völker oft Jahrhunderte verharrten. Der herumziehende Hirte besät flüchtig ein Stück Land, das er im Herbst ebenso flüchtig aberntet; er wählt im nächsten Frühling ein anderes, frisches, das er abermals liegen läßt, nachdem er ihm den Raub abgenommen. Hat die Horde an einem besonders fruchtbaren Fleck sich mit ihren leichten Häusern festgesetzt, so ist doch auch hier der Boden nach einigen Jahren erschöpft: die ganze Gemeinschaft bricht auf, lädt alles Bewegliche auf ihre Tiere und Wagen und baut sich an einem anderen Orte wieder an. Auch wenn die Ansiedelung eine stetige geworden, ist der Begriff individuellen Eigentums am Boden doch noch nicht vorhanden: wie die Weide eine gemeinsame war, wird auch das Ackerland, an welchem bei der geringen Bevölkerung kein Mangel ist, in jedem Jahr an die Genossen je nach ihrer Zahl neu verteilt. Dies war der Zustand der Germanen zu Tacitus' Zeit, und dies ist der natürliche Sinn der Worte des genannten

Schriftstellers, an denen patriotische Ausleger, die gern das Gegenteil erfahren hätten, nicht minder mühselig, als in ähnlichem Fall die Bibelexegeten, gedeutet haben. Dieselbe kommunistische, noch halb nomadische Form des Ackerbaues, die mit dem Patriarchalismus eng zusammenhängt, herrscht noch heute in einem großen Teil Rußlands, bei Tataren, Beduinen und manchen andern Völkern. Viehzucht bleibt auf diesen ersten Stufen des Ackerbaus immer noch das vorherrschende Geschäft, Wandern und Raub die Leidenschaft, Fleisch und Milch die Hauptnahrung; die Häuser sind nur leichtgebaut, brennen häufig auf, ihr Material ist Holz; der Pflug besteht aus einem spitzen Baumast, ritzt den Boden nur leicht und wird von kriegsgefangenen Sklaven geführt; die Voraussicht ist keine lange, sie geht nur vom Frühling auf den Herbst.

Einen bedeutenden Schritt weiter bezeichnet schon die Wintersaat, aber den entscheidenden erst die Baumzucht. Erst mit der letzteren ging das Gefühl örtlicher Heimat und der Begriff des Eigentums auf. Der Baum muß Jahre lang erzogen und getränkt werden, ehe er Frucht gibt (»den ich hegte und pflegte wie eine Pflanze im Baumgarten«, sagt Thetis in der Ilias von ihrem Sohne Achilleus); dann gibt er sie jedes Jahr, indes der Bund mit dem einjährigen Grase, das die Demeter säen gelehrt, in dem Augenblick aufgelöst ist, wo die Frucht geerntet worden. Um den Weinberg, um den Baumgarten wird eine schützende Hecke gezogen, das Zeichen vollen Eigentums: dem bloßen Ackerbauer genügt im besten Falle ein Grenzstein. Das Saatfeld muß auf Tau und Regen harren: der Pflanzer leitet die Quelle aus den

Bergen herab und um seine Beete herum, und indem er dies tut, verwickelt er sich mit seinen Nachbarn in Rechts- und Eigentumsfragen, die nur durch eine feste politische Ordnung gelöst werden. Schon eine der ältesten politischen Urkunden, von denen wir überhaupt wissen, der uns vom Redner Aischines aufbewahrte Bundeseid der delphischen Amphiktyonen, enthielt die Bestimmung: es darf keiner der verbündeten Städte das fließende Wasser abgeschnitten werden, weder im Kriege noch im Frieden. Auch das Haus, das von Fruchtbaumgruppen umgeben ist, wird, wie diese auf lange Jahre berechnet, d. h. es ist von Stein erbaut und schmückt sich in seinem Innern mit dem Vermächtnis der Geschlechter und dem Erwerbe fortgehender Kultur. Das Eisen findet sich ein und wird allmählich das immer häufigere, zuletzt vorherrschende Material aller Werkzeuge. Auch die Götter werden edler: denen des Hirten, der gewohnt ist, tierische Leiber aufzuschneiden, und dessen Poesie in der Vorstellung gräßlicher, mit der Steinaxt aufgerissener Wunden schwelgt, wird blutig und roh geopfert, sanfter der Ceres mit geschrotenem Spelz und Salz und dem Terminus mit Kränzen und Kuchen, aber erst der Wein stimmte den harten Ackerbauern mild und heiter und machte ihn zu dramatischen Spielen aufgelegt, und erst die Olive, der Baum der Athene, der Göttin geistiger Helle, gab das Symbol des Friedens, der Bitte und der Freundlichkeit ab.

[...]

Als das römische Weltreich fertig war, fielen seine Grenzen ungefähr mit denen des Weines und Öles zusammen; wo es nach Süden dem Weinstock zu heiß oder

der Herrscher von Ninive und Babylon glühte erbarmungslos wie die Sonne im Sommer und brannte die Völker nieder wie der Dornbusch die Zedern des Libanon; Ölbaum, Feigenbaum und Weinstock aber glichen dem Manne, der in begrenztem Kreise Werke des Friedens schafft und Wohltaten spendet [. . .].

Rückblick

Das Resultat des langen Assimilationsprozesses, dessen einzelne Momente wir uns zu vergegenwärtigen versucht haben, war die Homogenität der Bodenkultur in allen Uferländern des Mittelmeeres. Diese Gleichartigkeit stellte sich auch äußerlich in der Einheit des römischen Reiches dar, welches in seinem wesentlichen Bestande eine Zusammenfassung der um dies innere Seebecken gelagerten Landschaften war. Der gartenartige Anbau und die wichtigsten Kulturgewächse dieses Gebietes waren semitischer Abkunft und, wie das Christentum, von dem südöstlichen Winkel desselben ausgegangen. Die einst barbarischen Länder Griechenland, Italien, Provence, Spanien, Waldgegenden mit groben Rohprodukten, stellten jetzt das Bild einer blühenden, in mancher Beziehung auch ausgearteten Kultur im Kleinen, mit Gartenmesser und Hacke, Wasserleitungen und Zisternen, gegrabenen Weihern, berupften Bäumen und umgitterten Vogelhäusern dar – wie in Kanaan und Kilikien. Das Sommerlaub und die schwellenden Umrisse der nordischen Pflanzenwelt waren der starren Zeichnung einer plastisch regungslosen, immergrünen, dunkel gefärbten Vegetation gewichen. Zypressen, Lorbeeren, Pinien, Myrtenbüsche, Granat- und Erdbeerbäumchen usw. umstanden die Gehöfte der Menschen oder bekleideten verwildert die Felsen und Vorgebirge der Küste. Griechenland und Italien gingen aus der Hand der Geschichte als wesentlich immergrüne Länder hervor, ohne Sommerregen, mit Bewässerung als erster

Bedingung des Gedeihens und dringendster Sorge des Pflanzers. Sie hatten sich im Laufe des Altertums *orientalisiert*, und selbst die Dattelpalme fehlte nicht, als lebendige Zeugin dieser merkwürdigen Metamorphose.

[. . .]

Die vorstehenden Skizzen tragen in mehr als einer Hinsicht [. . .] den Charakter des Fragmentarischen und der Vereinzelung an sich. Zunächst ist die Bodenkultur, die Garten- und Hauswirtschaft, nur der Teil eines Ganzen, ein bloßer Ausschnitt aus der allseitig sich vollziehenden Bildungsgeschichte der Menschheit. Dennoch spiegelt sich auch wieder im Einzelnen das Allgemeine, und wie die Kulturpflanzen von Volk zu Volk, von Ost nach West, von Süd nach Nord gewandert sind, so in derselben Richtung und Zeit auch die Freiheit und Kultur selbst in jeder Gestalt. Aus Indien und Persien, aus Syrien und Armenien stammen unsere Feld- und Baumfrüchte, eben daher auch unsere Märchen und Sagen, unsere religiösen Systeme, alle primitiven Erfindungen und grundlegenden technischen Künste. Griechenland und Italien führten uns die Nähr- und Nutzpflanzen zu, mit denen wir im mittleren und nördlicheren Europa unsere Wohnstätten umgeben, und eben diese Länder lehrten uns in eben dieser Reihenfolge edlere Sitte, tieferes Denken, ideale Kunst, humane Zwecke und die höheren Formen politischer und sozialer Gemeinschaft. Was die Pflanzengeschichte bezeugt, würde auch von der Kulturgeschichte im umfassenden Sinne nicht anders ausgesagt werden. Auch die letztere ist nur eine Geschichte des *Verkehrs*, und wie der einzelne Mensch nur in der Gesellschaft seine Bestimmung, d. h. die

5. Schon Cato hatte gefunden, daß von allen Arten der Bodennutzung der Weinbau die vorteilhafteste sei.

6. Erntereif: Schwerhangende Trauben an himmelwärts emporrankenden Weinreben.

7. Die Feige ist die Schwester des Weinstocks.

8. Die reifen Früchte müssen sogleich nach dem Abpflücken gegessen werden.

höchste Entwickelung seiner Anlagen erreicht, so sind auch die Völker in demselben Maße, wie sie zur Bildung sich erheben, nur Schüler und Erben anderer umwohnender, überlegener Völker. Die größte Vaterlandsliebe zeigten daher zu allen Zeiten diejenigen nationalen Führer, die nicht die heimische Eigenart am hartnäckigsten festhielten, sondern am offensten und bereitwilligsten auf die Lehren der Fremde und den früher und anderswo erreichten Kulturgewinn eingingen.

Wie die Pflanzen und Haustiere von Hand zu Hand gingen, davon enthält dieses Buch eine Anzahl monographischer Umrisse; eine andere, jene erste ergänzende Aufgabe wäre es, festzustellen, welche seiner eigenen wilden Pflanzen das Abendland auf die gleiche Weise zur Kultur erhoben hat, sei es direkt oder nach dem Vorbild des Ostens und Südens. Einiges davon ist im vorhergehenden gelegentlich angedeutet worden, das Übrige muß einer eigenen Untersuchung überlassen bleiben. So wächst oder wuchs der Kohl, jetzt eines der nützlichsten und verbreitetsten Gemüse, ohne Zweifel in Europa wild; wann und wo aber fing man an, ihn in Gärten zu versetzen, ihn umzubilden und immer schmackhafter zu machen, und unzählige Varietäten, eine immer zarter, beliebter und von dem Grundtypus entfernter als die andere, zu erziehen? Manches ist darüber in einer unermeßlichen Literatur zerstreut; vieles muß dunkel bleiben; einiges lehren die Namen, wie sie noch jetzt gangbar sind oder es früher waren. Wo der Savoyer und Wirsing-Kohl herstammt, ist in diesen Beinamen ausgesprochen, denn auch letzteres ist nichts als das oberitalienische *verza*, d. h. grüner Kohl; daß überhaupt Italien uns lehrte, Kohl zu essen und zu pflanzen, sagt das Wort Kohl, aus *caulis*, ebenso Kabes, slavisch *kapus, kapusta*, aus *caputium, capuccio*, unmittelbar aus; auch der Kohlrabi, der Raps und Rübsen tragen lateinisch-italienische Namen, *caulorapa, caulus rapi* und *rapicium*, und sind jungen Datums in Deutschland; der zarte, seltsam gebildete Blumenkohl stammt aus dem Morgenlande und kam über Venedig und Antwerpen nach Europa, nach Deutschland erst kurz vor Beginn des dreißigjährigen Krieges; das Sauerkraut mag eine tatarische, von den Slaven adoptierte Erfindung sein, die sich vom Slavenlande weiter nach Nieder- und Oberdeutschland verbreitete. Wie der Kohl ist auch die Artischocke eine in Europa einheimische, veredelte Distel; europäisch sind auch die Rübe und die Möhre, *Daucus Carota* L. Wenn der Apfelbaum in unseren Wäldern ursprünglich wild wuchs, so sind doch die edlen Bäume unserer Gärten nicht gerade Abkömmlinge von ihm, sondern stammen von Zweigen, die über die Alpen gebracht und auf den einheimischen Stamm gepfropft wurden – ein Gleichnis für viele ähnliche, jetzt verdunkelte Besitztitel auf geistigem Gebiet. Im allgemeinen hat Europa auch von dem, was es von Natur besaß, nur weniges aus eigenem Impuls aus der Wildnis gehoben und durch Erziehung nutzbar gemacht; es mußte dazu am Mittelmeer aus Asien, in seinen mittleren Gegenden durch den Süden angeregt werden, in dem alle Quellen unserer Bildung liegen.

Anmerkungen

1 Da der Weinbau den höchsten Grad von Ansässigkeit voraussetzt, so ist er mit den Sitten einer wandernden Horde nicht vereinbar. Völkerwanderungen in Masse sind auf der Stufe kriegerischen Hirtenlebens natürlich, bei ausgebildetem Ackerbau mit Bodeneigentum und festen Häusern nur unter ganz besonderen Umständen und in höchst seltenen Fällen möglich, bei Baumzucht und Weinbau ganz undenkbar. Man sehe die Briten oder die Germanen des Cäsar, ihre Rindviehzucht, ihren beginnenden, halb nomadischen Ackerbau, ihre aus Milch und Fleisch bestehende Nahrung, ihre Bekleidung mit Fellen usw. Glaubt man, sie hätten Weinbau treiben können, der so viel Sorge für die Zukunft, so viel Vermittelungen der Kultur in sich schließt? Sie, die wahrscheinlich nur Sommerkorn bauten, da die Wintersaat schon einen zu feinen Plan und eine zu weite Berechnung voraussetzt [...], sie hätten sich mit Rebstöcklingen befassen können, die erst nach Jahren die ersten Beeren tragen? Nun stand aber das in Italien einbrechende Wandervolk gewiß auf keiner höheren Lebensstufe als die Germanen der ältesten Geschichte, eher auf einer niedrigeren; sie kamen mit Rindern, Schweinen und steinernen Äxten, aber sicherlich nicht mit dem Weinstock. Der Unterschied in der Entwickelung der großen Völkergruppen Europas besteht nur in dem früheren oder späteren Eintreten in bestimmte Phasen der Kultur: die Griechen wurden vom Orient aus angeregt, die Italer von den Griechen; die Kelten wandten sich zum Acker-, Städte-, Wege- und Brückenbau um Jahrhunderte später als die graeco-italischen Stämme, von denen sie mancherlei lernten; wieder um Jahrhunderte später die Germanen, die unterdes die zivilisierende Einwirkung der Kelten erfahren hatten; noch später im Rücken der Germanen die Slaven unter fortwährendem Bildungseinfluß des germanischen Westens. Der Unterschied des Naturells und des Klimas versteht sich hierbei von selbst, aber gerade das Klima gebietet ein allmähliches Aufsteigen des Weinstocks von Südosten und verbietet die Herabkunft desselben von jenseits der Alpen. Daß vom Gesichtspunkt römischer Quellen und Traditionen

der Weinbau in Italien als sehr alt erscheint, geben wir zu, nur fragt sich, wie alt? Die Zeit griechischer Einwirkung ist für die Feststellung des römischen Rituals und überhaupt für Italien – von Rom aus gesehen – immer noch eine sehr alte, eine Urzeit. Wenn z. B. der Stammgott der Sabiner, Sancus, als Winzer, *vitisator*, mit der gebogenen Sichel gedacht wurde, so wollten dieselben Sabiner doch auch von Sabos dem Lakedämonier abstammen!

2 Das provençalisch-französische Wort *tona, tonne*, das sich auch walachisch wiederfindet und in alle keltischen und germanischen Sprachen übergegangen ist, aber charakteristischerweise im Italienischen fehlt, muß aus einer der Alpensprachen stammen, dem Ligurischen oder Rhätischen. Lateinisch und italienisch gibt es ein Wort mit anderem Wurzelvokal: *tina*, Weinkübel. Nach Strabo waren im cisalpinischen Gallien außer Pechsiedereien (in den Vorbergen der Alpen) auch ungeheure hölzerne Fässer, groß wie Häuser, zur Aufnahme des Weines im Gebrauch. Auch die Illyrier luden den Wein, den sie aus Aquileja bezogen, »in hölzernen Fässern« auf ihre Wagen. – Mit den Holzgefäßen trat noch ein anderes weit verbreitetes Wort auf: *Daube, Dauge*, welches durch alle romanischen und slavischen Sprachen geht und auch im Magyarischen, Albanesischen, Walachischen und Neugriechischen nicht fehlt [. . .] Der Verbreitungsbezirk des Wortes ist das waldreiche Donauland, und dort war auch die Sache einheimisch – wobei es immer möglich ist, daß ein griechisch-lateinischer Ausdruck, der vielleicht in der technischen und Handelssprache von Aquileja üblich war, zugrunde liegt. Noch jetzt kommt das Holz zu den Fässern, die der Orient gebraucht, größtenteils aus Ungarn, und auch die Reifen dazu, aus Corylus pontica, werden über Konstantinopel eingeführt. Ein dritter, in dem holzreichen, neurömischen Bezirk vielgebrauchter und begrifflich sich nach allen Seiten weit verzweigender Ausdruck ist *cupa*, ein ursprünglich griechisches Wort (*kýpe*). Als Maximinus im Jahr 238 Aquileja belagern wollte, mit seinem Heere aber einen reißenden, angeschwollenen Strom nicht überqueren konnte, da kam ihm der ausgebreitete Weinhandel und Weinertrag Aquilejas zustatten: er fand auf dem Lande eine Menge großer, leerer, hölzerner Weinkufen, aus denen er sich eine Brücke baute (Herodian). [. . .]. Auch die Massilier müssen solche besessen haben, denn als

Cäsar ihre Stadt belagerte, wälzten sie dieselben, mit brennendem Teer und Pech gefüllt, von der Mauer auf das feindliche Schanzwerk herab (de b. civ.). Von der Insel bei Salona, auf der der Dichter Lukan die Cäsarianer belagert werden läßt, suchten diese bei Nacht auf Flößen, die sie aus leeren Weinkufen gemacht hatten, zum illyrischen Festlande zu entkommen [...]. – Das dem lateinischen *cupa, cuppa* entsprechende griechische *boútis, boútion, býtis, bytíne* hat eine gleich mannigfache Anwendung und weite Verbreitung durch ganz Neueuropa gefunden und klingt noch heute in Bütte, Böttcher, Bouteille, franz. *botte* der Stiefel usw. täglich an unser Ohr. – Unser *Ohm*, früher *Ahm*, ist das entlehnte griechische *áme*, lat. *hama*, unser *Seidel* das lat. *situla*, unser *Flasche* wohl in letzter Instanz das lat. *vasculum*, welches, wie man sieht, jetzt meistens ein Glasgefäß bedeutet. Auch das *Glas* ist, wie das Holz, ein erst im Norden und in nachrömischer Zeit zu allgemeiner und täglicher Anwendung gekommener Stoff; aus dem *hölzernen* Faß zapfen wir den Wein in *gläserne* Flaschen, die wir mit dem *Korkstöpsel* schließen. Erstere, die Flaschen, sind schwerlich älter als das fünfzehnte Jahrhundert (Beckmann, Beiträge, II, S. 482ff.); die Kunst, die enge Öffnung eines Gefäßes mit der elastischen Rinde der Korkeiche zu verschließen, geht gleichfalls in kein hohes Altertum hinauf, und allgemein geworden ist sie erst seit den letzten Jahrhunderten und zwar sehr langsam. Die Korkeiche, *Quercus Suber*, ist in Griechenland jetzt vielleicht gar nicht mehr vorhanden, im Altertum war sie dort selten; sie ist ein Baum des südwestlichen Europa und des gegenüberliegenden Afrika. Unter den Eichenarten des Theophrast läßt sie sich nicht mit Sicherheit konstatieren; den Baum, der geschält wird und nach Verlust der Rinde nur noch besser gedeiht, versetzt er nach Tyrrhenien, also in das Land nach Westen, gibt aber zugleich an, er verliere im Winter sein Laub, was geeignet ist, uns wieder irre zu machen (H. pl. 3, 17, 1). Pausanias 8, 12, 1 führt unter den Eichen Arkadiens eine an, deren Rinde so locker und leicht ist, daß man sie als Ankerzeichen und an Fischernetzen auf dem Meere schwimmen läßt –, also offenbar die Korkeiche, aber man hört es seinen Worten an, daß er damit eine Naturmerkwürdigkeit des Landes beschreibt, die seinen Lesern neu ist und die anderswo nicht vorkommt. Die Römer hatten einen Individualnamen für die Korkeiche: *suber* und unterschieden sie unter diesem genau von den übrigen Bäumen des Waldes. Die Rinde kommt schon in der Sage von Camillus vor. Camillus soll zum Diktator ernannt werden, aber dazu gehört ein Beschluß des von den Galliern im Kapitol eingeschlossenen Senates. Ein Jüngling namens Pontius Cominius übernimmt es, die Botschaft auszurichten. Da die Brücke über den Tiber von den Feinden bewacht ist, schwimmt er nachts, von Stücken Kork unterstützt, über den Fluß (Plutarch). Die Sitte, Gefäße mit verharztem Kork zu verschließen, stammte, wie es scheint, von den Galliern [. . .] Bei all dem war die Verkorkung bei den Römern nur selten: das Gewöhnliche ist die Verschließung durch Pech, Gips, Wachs usw.; darüber gegossenes Öl bewahrte, wie noch jetzt häufig in Italien, den Wein vor Berührung mit der Luft; auch eignete sich die Form der tönernen Krüge, ihr größerer Umfang und ihre weitere Öffnung nicht zum Verschluß durch Korkrinde. Das Verhältnis blieb das Mittelalter hindurch ungefähr dasselbe. Fässer wurden durch Holzpflöcke verspundet; kleinere Ton-, Blech- oder Holzbehälter, die man sich auf der Jagd, zu Pferde usw. umhing, silberne und goldene Flaschen der Vornehmen wurden mit Zapfen desselben Materials verstopft oder zugeschraubt oder auch mit Wachs verschmiert usw. Erst das Aufkommen enghalsiger, sehr wohlfeiler Glasflaschen, der sich ausbreitende Handel und die Versendung brachte in neuerer Zeit den Kork (von *cortex*, zunächst wohl vom spanischen *corcha*, französisch *liège*, d. h. der »leichte« Stoff von *levis*) in allgemeinen Gebrauch – der uns jetzt besonders bei edleren Weinen so unentbehrlich scheint.

3 Demselben Vorstellungskreise gehört der Brauch an, die Bilder des Priapus aus Feigenholz zu machen. Wie *Feigenbaum* und *Schwein* als Bilder überschwenglicher Zeugung gleiche Geltung haben, lehrt die Variante einer alten Sage bei Strabo: Hesiod erzählte, Kalchas habe in Kolophon den Mopsus, den Enkel des Tiresias, gefragt, wieviel Früchte der vor ihnen stehende Feigenbaum trage; als Mopsus die Zahl und das Maß richtig angab, starb Kalchas in dem schmerzlichen Gefühl, einen überlegenen Seher gefunden zu haben. Dieselbe Geschichte berichtete Pherekydes, nur betraf nach diesem die Frage nicht die Menge der Früchte eines Feigenbaumes, sondern die Zahl der Ferkel, die eine daliegende trächtige Sau werfen würde. Demge-

mäß hat man *sýkon* und *sýs/sus*, von derselben hypothetischen Wurzel *su* (*generare* [erzeugen, hervorbringen]) ableiten und in *ficus* eine analoge Bildung von *fieri, phýein* [wachsen, entstehen] finden wollen. Dieser Etymologie ist aber schon deshalb nicht zu trauen, weil die Zeit der Einführung der Feige bei Griechen und Römern eine zu späte ist, um solche primitive Wortbildungen zu gestatten [. . .]. Wir bemerken noch, daß der wilde Feigenbaum, *erineós*, von dem aber die Kulturfeige nicht abgeleitet werden kann, schon bei Homer vorkommt.

Stellenregister antiker und mittelalterlicher Autoren

Die den Stellenangaben vorgesetzten Zahlen sind die Seitenzahlen der vorliegenden Ausgabe

15 Theophrast, Historia plantarum 5,8,2; Strabo, Geographika 14,6,5. 29 Homer, Odyssee 7,264f.; Ilias 9,706 und 19,161; 5,341; 9,485ff.; Od. 6,76ff. 30 Homer, Il. 8,503ff.; 9,152; 2,507;537;561. 31 Hekataios von Milet bei Athenaios, Deipnosophistai 2,35; Pausanias, Graeciae Descriptio 10,38,1; Homer, Il. 9,539 u. 14,117. 32 Homer, Il. 6,130ff.; 9,17f.; Homer, Od. 9,196ff.; Archilochos, Fragm. 2 Diehl; Herodot, Historiae 7,111; Mela, De chorographia 2,2,2; Herodot 7,20. 33 Pindar, Isthmische Oden 8,54f. (Bowra); Strabo, 13,1,12; Homer, Il. 6,130. 34 Homer, Od. 9,199. 35 Hesiod, Fragm. 238 (Merkelbach/West). 38 Pindar bei Athenaios 11,476; Plinius, Naturalis historia 14,88; 18,24. 39 Macrobius, Saturnalia 3,5,10. 40 Sophokles, Antigone 1117f.; Herodot 1,167; Varro, Res rusticae 1,8. 41 Strabo 5,1,7; Plinius 14,34; Columella, De re rustica 3,2,27; 3,7,1; 3,21,3 u. 10; Martial 3,56; 3,57. 42 Polybios, Historiae 3,88,1; Plinius 14,39; Edictum Diocletiani 2; Silius Italicus, Punica 15,568; Dioskurides, De materia medica 5,6,8; Plinius 14,60; Polybios 2,15; Livius, Ab urbe condita 5,33; Plinius 12,5; Plutarch, Camillus 15. 43 Martial 10,93; Servius zu Vergil, Georgica 2,95; Verg., Georg. 2,95; Sueton, Augustus 77. 44 Strabo 4,6,8; Plinius 14,16; 14,26; Martial 14,100; Cassiodor, Variae 12,4; Cato, De acricultura 1,7. 45 Columella 1,1,5; Strabo 4,1,5. 46 Strabo 5,1,8; Poseidonios bei Athenaios 4,152c; Justinus, Historiae Philippi

Pompei Trogi 43,4; Macrobius, Commentarii ad Ciceronis Somnium Scipionis 2,10,8; Cicero, De re publica 3,9,16. 47 Cicero, Pro Fonteio 9; Plinius 14,39; Columella 1, Praefatio 20; Plinius 14,18 (Lesart J. Sillig). 48 Strabo 4,6,2; Martial 13,107; Columella 3,2,25; 5,5,16; Plinius 14,32; 14,18; 14,27; Columella 3,2,19; Isidor von Sevilla, Ethymologiae 17,5,22; Plinius 14,26; Columella 3,2,16. 49 Martial 3,82,23; Plinius 14,68. 50 Sueton, Domitian 7; Philostrat, Vita Apollonii 6,42; Philostrat, Vitae Sophistarum 1,520; Flavius Vopiscus, Probus 18; Eutrop, Historia Romanorum 9,17; Aurelius Victor, Caesares 37,3; Pausanias 1,33,5; Strabo 17,3,4. 53 Skylax, Periplous 95. 55 Plinius 14,65; Plinius 14,62. 57 Gregor von Tours, Historia Francorum 7,29; Coripp, De laude Justini 3,87. 60 Hipponax, Fragm. 24 (Bergk.); Herodot 1,71; Alexis bei Athenaios 3,75b u. 2.54f.–55a. 61 Homer, Od. 11,588; 7,103-131; Archilochos, Fragm. 53 Diehl; Pausanias 1,37,2. 62 Plutarch, Symposion 4,4,668A; Athenaios 14,652; Plutarch, Regum apophthegmata, Xerxes 3. 63 Plinius 15,72; 15,83; 15,75. 64 Horaz, Satiren 2,2,122; Theokrit 10,45. 65 Homer, Il., 13,612; Od. 9,320; Theokrit 25,207ff.; Homer, Od. 23,190ff. 66 Homer, Od. 13,102; 13,372; Pausanias 5,7,7; Pindar, Olympische Oden 3,13f.; Theophrast, Historia plantarum 5,2,4; Plinius 16,199. 67 Homer, Il. 14,171ff.; 23,187; Od. 8,364; Homerischer Hymnus auf Venus 61; Homer, Od. 18,192ff.; Il. 18,596; Od. 7,107. 68 Athenaios 15,682f.; Homer, Od. 3,408; Il. 23,170; 2,754. 69 Poseidonios bei Athenaios 4,152; Homer, Od. 7,103-131. 70 Homer, Od. 5,476f.; Pausanias 2,32,10. 71 Theophrast, De causa plantarum 3,10,4; Homer Il. 17,53-58. 72 Aischylos, Perser 884; Aristoteles, Politik 1,4,5. 73 Homerischer Hymnus auf den delischen Apollon 117; Theognis 1,5ff.; Hygin, Fabulae 140; Catull 34,7; Aelian, Varia historia 5,4; Scholion zu Homer, Il. 1,9; Ovid, Metamorphosen 6,335; Euripides, Iphigenie im Taurerland 1102; Kallimachos, Hymnus auf Delos 210; 262; Strabo 14,1,20; Tacitus, Annalen 3,61; (Strabo 14,1,20) 14,1,4; Athenaios 8,361; 12,524. 74 Anthologia Graeca 15,11; Plinius 15,3; Herodot 5,82. 75 Plutarch, Solon 23,6 (7); Dion Chrysostomos, Orationes 25,3; Pindar, Fragm. 24 (Bowra); Herodot 5,82. 76 Suidas s.v. Athenas agalma; Homer, Od. 13,372. 77 Cicero, De re publica 3,9,15; Plutarch, Theseus 18f.; Pausanias 2,6,3. 78 Cicero, De natura deorum 3,18; Plinius 7,199; Diodor, Bibliotheke 4,81; Scholion zu Theokrit

5,53. 79 Diodor 4,82; Pausanias 10,17,3; Aristoteles, De mirabilibus auscultationibus 100; Servius zu Vergil, Georg. 1,14; Pindar, Pythische Oden 9,64; Aischylos, Prometheus 369; Strabo 17,3,21. 80 Plinius 15,1. 81 Festus, De verborum significatione p. 10; Servius zu Verg., Aen. 2,683; 10,270; Vergil, Aeneis 6,809; 7,751; Paulus, Epitome des Festus (s.o. zu S. 113) p. 114; Gellius, Noctes Atticae 5,6,4. 82 Plinius 15,19; 15,125; Amphis bei Athenaios 1,30; Columella 12,51,3; Vergil, Georgica 2,38. 83 Plinius 15,13; Columella 5,8; Martial 1,43,8; 5,78,19; 13,36; Plinius 15,3; 15,8; Polybios 3,52,3; Strabo 4,6,2. 84 Plinius 15,8; Strabo 5,1,8; Cassiodor 12,22; Apicius, De re coquinaria 1,5; Palladius, Agricultura 12,18; Geoponika 9,27. 85 Strabo 3,2,6; Martial 12,63,1. 86 Theophrast, Historia plantarum 6,2,4; Columella 5,8,1. 87 Plinius 15,11; 14,150. Geoponika 15,7,6; Athenaios 2,46. 88 Plinius 22,114. 100 Strabo 5,1,12; 5,1,8; Herodian, Ab excessu divi Marci 3,4,9. 101 Caesar, Bellum civile 2,11; Lukan, Pharsalia 4, 420; Theophrast, Historia plantarum 3,17,1; Pausanias 8,12,1. 102 Plutarch, Camillus 25,2; Strabo 14,1,27.

Klaus von See
Victor Hehns Kulturtheorie

Wer war Victor Hehn? Über den Kreis der Kulturhistoriker hinaus wird er heute kaum noch mit mehr als seinem Namen bekannt sein – und auch in jenem Kreis nur als Autor eines seinerzeit berühmten, wegen des scheinbar skurrilen Titels aber wohl etwas in Vergessenheit geratenen Werkes über *Kulturpflanzen und Haustiere in ihrem Übergang aus Asien nach Griechenland und Italien sowie in das übrige Europa* (1870): Die heutige Vegetation Griechenlands und Italiens – Olivenhaine, Weinstöcke, Feigenbäume, Pinien und Zypressen, alles das auch, was in Goethes Mignon-Lied als Inbegriff deutscher Italiensehnsucht erscheint – wird darin überraschenderweise als Importgut, als Ergebnis einer vom östlichen Mittelmeerraum ausgehenden Kulturwanderung gedeutet, als Werk des bebauenden, pflegenden und veredelnden Menschen, also als ›cultura‹ im eigentlichen Sinn des Wortes.

Nicht minder bekannt war Hehn noch um die Jahrhundertwende als Autor mehrerer Goethe-Bücher, vor allem seiner *Gedanken über Goethe* (1887), die – wie Reinhard Buchwald in seiner Wirkungsgeschichte Goethes erklärt – »im Bewußtsein der Leser von Anfang an neben [Herman] Grimms Vorlesungen als eine der Säulen« standen, »auf denen seither unser Verhältnis zu Goethe ruht« (1949, 258). Zu den wenigen, die sogleich die Bedeutung des Buches erkannten, gehörte Nietzsche, »dessen Ausführungen über Goethe im ›Fall Wagner‹

durchaus auf denjenigen Hehns fußen« (Josef Hofmiller [1933] 1952, 37). Dabei hatte das Goethe-Buch – erst drei Jahre vor dem Tod des Autors erschienen – zunächst Verblüffung ausgelöst, weil man bis dahin Hehns wissenschaftliche Kompetenz nur auf kulturhistorischem Gebiet vermutete. Alle weiteren Goethe-Arbeiten – durchweg auf alten Dorpater Vorlesungen der Jahre von 1848 bis 1851 beruhend – wurden dann erst aus dem Nachlaß veröffentlicht. Darunter muß das Buch *Über Goethes Gedichte* »noch heute, nach fast hundert Jahren«, wie der Germanist Walther Rehm schreibt, »seltsamerweise als das einzige geschlossene Werk von Geschmack, Einsicht und Rang gelten, das sich diesem allerdings schwierigen Thema widmet« (1951, 304). Und den schmalen Band *Über Hermann und Dorothea* (1893) nennt der Goethe-Forscher K. R. Mandelkow »nicht nur eine der bedeutendsten Interpretationen eines Goetheschen Werkes im 19. Jahrhundert, sondern zugleich ein überragendes literaturtheoretisches Schlüsseldokument an der Wende von der vorrevolutionären zur nachrevolutionären Epoche in Deutschland« (1980, 150). Gleichwohl gilt noch immer Rudolf Ungers Feststellung von 1924, daß Hehn speziell in seiner Bedeutung für die »philosophische« Literaturbetrachtung »kaum je die entsprechende Würdigung gefunden« habe (1966, 120).

Das ist vielleicht nur deshalb nicht verwunderlich, weil Hehn eben gar kein professioneller Germanist war, vielmehr seinen eigentlich populären Ruhm auf einem dritten Feld gewann, das sowohl von der Kulturhistorie als auch von der Goethe-Philologie fernab zu liegen schien: 1867 veröffentlichte er – nach langen Bedenken –

sein Buch *Italien. Ansichten und Streiflichter*, das die Eindrücke mehrerer Italienreisen in essayistischer Form verarbeitet und bis zum Ersten Weltkrieg 14 Auflagen erreichte. Der Kunsthistoriker Georg Dehio nennt es »das Geistvollste und Schönste, was seit Goethe deutscherseits über Italien gesagt worden ist« (1890, 314), Josef Hofmiller noch mehr als vier Jahrzehnte später das »herrlichste Italienbuch nach Goethe« ([1933] 1952, 39). Und ebenso wie der schnelle Ruhm des Goethe-Buches von 1887 zu weiteren Goethe-Publikationen aus dem Nachlaß anregte, so der Ruhm des Italien-Buches zur postumen Herausgabe der Tagebücher, die Hehn bereits auf seiner ersten Italienreise 1839/40 verfaßt und kurz danach überarbeitet hatte – *Reisebilder aus Italien und Frankreich* (1894) –, ferner eines theoretisch wichtigen Aufsatzes *Über die Physiognomie der italienischen Landschaft* von 1844 (1908). Hehns Erfolg ist um so überraschender, als er den Erwartungen des Publikums bewußt nicht entsprechen wollte: Er interpretiert Italien als eine plastisch-architektonisch gestaltete Kulturlandschaft und wendet sich damit gegen die landläufigen Italienpilger, die meinten, dort »eine romantische Landschaft, . . . eine deutsche Natur in gesteigerter Schönheit«, erlebt zu haben (*Reisebilder* 241), in Wahrheit aber »die Wolke statt der Juno umarmt hatten« (*Physiognomie* 88). Leider blieb der *Physiognomie*-Aufsatz fast unbeachtet, da er an sehr versteckter Stelle steht, aber selbst die *Reisebilder* wurden nur noch ein zweites Mal aufgelegt (1906), obwohl sie eine reizvolle Ergänzung zur Essay-Sammlung von 1867 sind. Denn früher und unmittelbarer als diese bezeugen sie, daß sich Hehns konsequent durchdachtes kulturhistorisches Theoriegebäude nicht nur auf eine stupende Belesenheit in den antiken Literaturen, der Bibel und modernen Reiseberichten gründet, sondern ebenso auf ein breites Fundament spontan erlebter Erfahrung und Beobachtung.

Daher auch die Sprache Hehns, deren »Zauber« und »Eleganz« oft gerühmt wurde: prägnant und luzid, weil geschult an der klassischen Tradition, dabei zugleich bildhaft und von poetischer Anmut, – ein Stil, der die Grenze zwischen gelehrtem Traktat und geistreichem Essay aufhob und deshalb dem Verfasser nicht immer zum Vorteil gereichte, weil man nicht wußte, wie er zu rubrizieren sei: Er habe sich, schreibt Hehn in der Vorrede zur 2. Auflage seiner *Kulturpflanzen*, »mit der Hoffnung geschmeichelt, ein Buch geschrieben zu haben, das indem es dem Gelehrten genug thut, doch zugleich lesbar und verständlich wäre, – etwa wie über der Thür französischer Wirtshäuser steht: *ici on loge à pied et à cheval*. Doch das mag in Frankreich angehen, bei uns ist das Unternehmen gefährlich. Der Fachmann zuckt die Achseln und ruft mitleidig: ein elegantes Buch – und man weiß, was er darunter versteht; der sogenannte Gebildete sagt: ganz interessant, nur schade, daß so viel Griechisch drin ist ...« (1874, III). Immerhin hat Hugo von Hofmannsthal aus dem *Kulturpflanzen*-Buch das Kapitel über *Die Dattelpalme* in sein *Deutsches Lesebuch* aufgenommen (^{2}1926, II, 278-286), und immerhin attestiert noch Theodor Heuss dem *Italien*-Buch, daß es »als sprachliche Leistung zu den stilistischen Meisterwerken unseres nationalen Schrifttums gehört« (1951, 170).

Angesichts solcher Wertschätzung ist es verständlich,

daß man von Zeit zu Zeit immer wieder einzelne – bisher ungedruckte oder an obskuren Orten publizierte – Hehn-Texte entdeckte oder wiederentdeckte. Das gilt nicht zuletzt auch für einige Texte aus dem vierten Arbeitsgebiet Hehns: dem der Klassischen Philologie. Hehns Ansehen in diesem Fach bezeugt Ulrich v. Wilamowitz-Moellendorff, wenn er in den *Erinnerungen* 1928 von Begegnungen mit ihm in der Berliner archäologischen Gesellschaft erzählt: »... Sein berühmtes Buch ›Kulturpflanzen und Haustiere‹ hatte mich entzückt; sein ›Italien‹, das jeder lesen soll, der das Land besuchen will, war noch nicht erschienen ...« (172). So präsentierte Werner Jaeger seinen Fachgenossen keinen Unbekannten, als er 1927 in seiner Zeitschrift *Die Antike* einen alten Petersburger *Homer*-Vortrag aus dem Jahre 1859 ans Licht zog: »Hehns Homerbetrachtung wirkt noch nach fast siebzig Jahren – und von wie wenigen wissenschaftlichen Produktionen gilt das – kraft der ihr eigenen Form, durch die Verbindung sinnlicher Anschaulichkeit und philosophischer Höhe, vor allem durch den sie beseelenden echten Humanismus als lebendiges Organ einer wahrhaft universellen Bildung« (Vorwort zu *Homer* 1927, 70). Dreizehn Jahre später stellte Harald Fuchs in derselben Zeitschrift den Hehn-Aufsatz *Zur Charakteristik der Römer* vor, der nahezu ein Jahrhundert früher, 1843, »als Einladungsschrift zu den Schulprüfungen der livländischen Stadt Pernau veröffentlicht worden« war. Im Nachwort schreibt Fuchs, daß es der »kühne Wille zur Deutung« und der »selbstgewisse Mut« seien, die dieser Arbeit »ihren mitreißenden Schwung verleihen« (1940, 175). Schließlich holte noch 1951 Karl Deichgräber – abermals ein prominenter Fachvertreter – weitere Aufsätze ›Aus Hehns Nachlaß‹ hervor, darunter *Über das Lateinschreiben der heutigen Philologen* und *Über die Authentizität der Reden des Thucydides.*

Auch bereits Bekanntes wurde in der Zwischenzeit hier und da erneut zum Druck gebracht, – so die ›kulturhistorische Studie‹ über *Das Salz* vom Jahre 1873, die 1919 als ›Insel-Buch‹ erschien, das *Italien*-Buch von 1867, das Walther Rehm 1943 mit einem Nachwort versah, die *Gedanken über Goethe* 1946 und ein einzelnes, umfangreiches Kapitel daraus, *Goethe und das Publikum*, als Sonderausgabe 1949, – ein Kapitel, das »in der Geschichte der Rezeptionsforschung einen besonderen Stellenwert« hat, denn es »gehört zu den frühesten und zugleich einflußreichsten rezeptionsgeschichtlichen Monographien« (Stückrath 1979, 33). Stärkste internationale Resonanz fand verständlicherweise das – schon wegen seiner Kombination von Kulturgeographie und Philologie auch methodisch interessante – *Kulturpflanzen*-Buch: In Deutschland erreichte es bis 1911 – trotz seines erheblichen Umfangs – acht Auflagen und kam 1963 noch einmal als Reprint heraus. Schon 1872 erschien eine russische und 1885 eine englische Übersetzung, die 1976, also mehr als ein Jahrhundert nach der Erstveröffentlichung, noch einmal nachgedruckt wurde. Im Vorwort des amerikanischen Herausgebers J. P. Mallory heißt es: »It is my belief that Hehn's book makes still today exciting reading for any educated man of western civilisation« (1976, VI).

Das Phänomen, daß Hehn – trotz partieller »Renaissancen« und trotz einhelligen Lobes – heute zu den mehr oder weniger Vergessenen gehört, ist ebenso erstaunlich wie leicht erklärbar. Die Gründe hierfür liegen zunächst in den ganz und gar ungewöhnlichen Lebensumständen des Autors: Hehn hatte als Baltendeutscher die russische Staatsangehörigkeit, war einige Jahre Oberlehrer an der höheren Kreisschule in Pernau, dann Lektor für deutsche Sprache an der Universität Dorpat – eine Professur hierfür gab es nicht –, 1851 auf Veranlassung des Zaren Nikolaus I. unter dem Verdacht liberaler Umtriebe in den Petersburger Kasematten inhaftiert, anschließend für einige Jahre an einen mittelrussischen Ort »verbannt«, der keine Universitätsstadt sein durfte, dort eines Morgens von seinem englischen Stubennachbarn mit dem Freudenschrei aus dem Bett geholt: »Old Nicholas is dead!«, bald darauf amnestiert und von 1857 bis 1873 – im Range eines Wirklichen Staatsrats mit dem Prädikat ›Exzellenz‹ – Oberbibliothekar an der Kaiserl. Öffentl. Bibliothek in Petersburg, »einer der größten und besteingerichteten Europas« (Dehio 307), schließlich während der letzten 17 Lebensjahre als russischer Staatspensionär in Berlin ansässig. Das heißt: Hehn stand in keiner akademischen Tradition, war keinem speziellen Universitätsfach zuzuordnen, hatte also auch keine Schüler und Fortsetzer. Die »interdisziplinäre« Vielseitigkeit erwies sich eher als Hemmung. Allenfalls fühlten sich baltische Landsleute wie Dehio und Schiemann zuständig.

Dieses Außenseitertum verstärkte sich durch Hehns »Federfaulheit, oder richtiger Publicitätsscheu – eine echt baltische Eigenschaft« (*Italien* XV): Viele Arbeiten erschienen an entlegenen Stellen, das meiste blieb zu Lebzeiten ungedruckt, – wobei noch zu bedenken ist, daß die Manuskripte der Dorpater Vorlesungen mehr als zwanzig Jahre lang im Gewahrsam der russischen Geheimpolizei verborgen waren. Zum *Hermann-und-Dorothea*-Buch erklärt K. R. Mandelkow: »Die im Schatten seiner berühmten ›Gedanken über Goethe‹ erfolgte postume Veröffentlichung im Jahre 1893 hat die so eminent zeitbezogene und zeitorientierte Hehnsche Arbeit um ihre zeitgenössische Wirkung gebracht, die ihr aller Voraussicht nach in hohem Maße zuteil geworden wäre« (1980, 150). Das *Italien*-Buch wurde 1867 zunächst in Petersburg verlegt, so daß erst die 2. Auflage zwölf Jahre später zum Publikumserfolg führte. Aber auch der Berliner Verlag Borntraeger, der seit 1870 die Hauptwerke betreute, war nicht geeignet, Breitenwirkung zu erzielen. Erst der Nachlaß kam dann in die Obhut eines renommierten Verlages: die der J. G. Cotta'schen Buchhandlung.

Nicht zuletzt sind noch politische Gründe am Vergessenwerden beteiligt, da Hehns Ansichten und Theorien sowohl dem christlichen als vor allem auch dem deutschtümelnden Zeitgeist des 19. Jahrhunderts und der völkischen Ideologie der NS-Zeit ganz und gar zuwiderliefen. Hehn war Hegelianer, Anhänger eines kosmopolitisch orientierten Liberalismus, damit zugleich Gegner des romantischen Ursprungskultes und des Grimmschen Sprachpurismus.

Zumal in Interpretationen der 1930er und 1940er Jahre mußte Hehn sich deshalb allerlei gewaltsame Umdeutungen gefallen lassen. So nennt Heinz Holldack das

»Weltbürgertum« schlankweg eine »logische Folge der apolitischen und ahistorischen Grundstellung Hehns«, weil er offenbar das Hehnsche Denken nur am Maßstab des Geschichts- und Politikbegriffs der deutschen Nationalromantik zu messen vermochte (1936, 289). Eugen Gottmann schwafelt 1937 in der Diktion seines Doktorvaters Ernst Bertram, wenn er Hehns »Südliebe« als »verwandelte Deutschgläubigkeit« interpretiert und dazu noch behauptet, daß Hehns Begriff der menschlichen »Gattung« sich an die »Volksgeistlehre der Historischen Schule« schließe (1937, 16. 31), während Hehn selbst klipp und klar erklärt, daß »das Handeln der Gattung Geschichte« heiße und daß daher »das allmähliche Entstehen einer immer vollkommeneren weltbürgerlichen Verfassung ... von dem Begriffe Geschichte unzertrennlich« sei (*Reisebilder* 92). Um Anpassung bemüht ist auch Walther Rehm, wenn er davon spricht, daß »das ererbte Binnendeutschtum ... in Hehns Kolonialdeutschtum überall klar und schön« durchschlage (1951, 276), obwohl Hehn in seiner Eloge auf die Südwestdeutschen gerade nicht das reine Deutschtum feiert, sondern die römisch-keltisch-germanische Mischung (*Goethe* 6ff.) und obwohl sich Hehn anläßlich eines Abstechers in die fränkische Heimat seiner Familie ausdrücklich von aller völkischen Ideologie distanziert: »Was treibt mich, mein Geschlecht, meine Abstammung zu erforschen, da ich doch die Freiheit liebe und den freien Menschen verkünde, der kein Naturmensch mehr ist, den kein Band mit natürlicher Erzeugung, mit Abstammung, mit früher Gewohnheit verknüpft?« (zit. bei Schiemann 1894, 9).

Ärger noch kam es dann in den letzten Jahren des Dritten Reiches, als der Altphilologe Richard Harder – im Auftrag Alfred Rosenbergs Leiter des Münchener »Instituts für Indogermanische Geistesgeschichte« – das Hehnsche Werk für die NS-Kulturpropaganda, speziell »im Blick auf den russischen Kriegsschauplatz«, zu mobilisieren suchte (dazu Losemann 1977, 170ff.). Über Hehns *Kulturpflanzen*-Buch sagt Harder, daß hier »die lebendig erfaßte Gegenwart eines Vielerfahrenen, der den baltischen Blick für Völkereigentümlichkeiten mitbrachte, der Vergangenheit die Farben gab, dazu die großen europäischen Literaturen sich, meisterhaft beherrscht, ins Bild verwoben – das einzig würdige Gegenstück zu Grimms Rechtsaltertümern« (1942, 757). Erster Anlaß, das Hehnsche Werk dem NS-Chefideologen zu offerieren, war für Harder, der mühsam nach Aufgaben für sein neues Institut suchte, vielleicht der eher zufällige Umstand, daß sowohl Hehn als auch Rosenberg aus dem Baltikum stammten. Das nötige Apropos lieferte dabei eine Sammlung von Tagebuchnotizen Hehns über den russischen Volkscharakter, die unter dem Titel *De moribus Ruthenorum* erst aus dem Nachlaß herausgegeben wurde (1892) und nun in neuer Fassung auferstehen sollte. »Geistreich, aber gehässig« nennt *Meyers Lexikon* 1926 diese Tagebuchnotizen, für Kriegspropaganda also, wie es scheint, gut verwertbar, – wobei man allerdings bedenken sollte, daß Hehn als Inhaftierter und Verbannter in Rußland einige ungute Erfahrungen gemacht hatte, daß er als Liberaler viele russische Eigenschaften aus dem jahrhundertelangen Despotismus zu erklären suchte (*De moribus* 15, 40), die

Kritik am Russen also zugleich als Kritik am zaristischen Regime verstand (dazu W. Laqueur 1965, 36ff.) und daß alle Bewohner der nördlichen Zonen, also auch Norddeutsche und Engländer, bei Hehn wie immer noch nicht voll zivilisierte Barbaren dastehen, – als eines von vielen Beispielen nur Hehns Vergleich der Bildnisse Tizians mit denen Holbeins: »Dort die prächtigsten Charakterköpfe, hier lauter treue, viereckige Doggengesichter« (*Italien* 73).

Bei aller Vorliebe der NS-Ideologie für Baltikum und »Grenzlanddeutschtum«: Mit Hehn als »Völkischem« war durchaus kein Staat zu machen, – im Gegenteil: Durch alle Werke Hehns zieht sich wie ein roter Faden die mehr oder weniger ironisch formulierte Abneigung gegen die Deutschtümler. »Viel Fremdwörter, viel Kulturverkehr; viel entlehnt, viel gelernt«, ist seine oft variierte Devise (*Italien* 187), und noch ein Jahr vor seinem Tode wurde er Mitunterzeichner der bekannten »Erklärung der 41«, die sich gegen den Deutschen Sprachverein und dessen Kritik am Fremdwörtergebrauch richtete (*Preußische Jahrbücher* 63, 1889, 312f.). »Niemand dachte«, lobt er die Südwestdeutschen, »mit Stolz an Hermann den Cherusker und den Teutoburger Wald und die angeblichen Barden und die angebliche Keuschheit jener Zeiten« (*Goethe* 21). Das deutsche Wort ›kaufen‹ gehe auf lat. ›caupo‹ zurück, »was die jüngsten Cimbern und Teutonen geleugnet hatten«, heißt es in einem Brief an den Indogermanisten O. Schrader (Schrader 1891, 46). Ähnlich im *Italien*-Buch: »Auch das deutsche Turnen ist (entsetzlich aber wahr!) wälscher Herkunft« (194). Und in den *Kulturpflanzen*: Daß die Germanen zur Zeit des Tacitus noch in den Anfängen der Ackerbauphase steckten – halbnomadisierend und ohne individuelles Grundeigentum –, ergebe sich aus den Worten der *Germania*, »an denen patriotische Ausleger die gern das Gegentheil erfahren hätten, nicht minder mühselig, als in ähnlichem Fall die Bibelexegeten, gedeutet haben« (123).

Das alles sind nicht etwa nur beiläufige Seitenhiebe, sondern präzise Äußerungen einer konsequent durchdachten Theorie, – wie überhaupt die theoretische Geschlossenheit des Gesamtwerks jedem Leser Hehns gerade angesichts der heterogen erscheinenden Buchtitel um so stärker bewußt wird. Es ist daher wohl etwas Wahres an Richard M. Meyers Ausspruch, alle Texte Hehns seien »nur Bruchstücke eines geplanten Riesenwerkes: einer Kulturgeschichte Europas« (1897, 178). Eher von der ästhetischen Seite faßt Theodor Heuss dasselbe Phänomen, wenn er speziell vom *Kulturpflanzen*-Buch sagt, man möchte davor »erschrecken, als ob es sich um eine grenzenlose Stoffhuberei handle«, aber der Verfasser ertrinke nicht im Stoff, sondern bleibe sein Herr, »weil er geistig souverän und weil er ein Künstler ist«; es gehe »durch die ganze große Arbeit, die auf jeder Seite, die man aufschlägt, mitteilsam, ja amüsant ist, ein einheitlicher epischer Zug« (1951, 172).

Wie war nun die Kulturtheorie beschaffen, die dem »geplanten Riesenwerk« zugrunde liegt?

Im überschwenglichen Gefühl, an einer großen geistigen Aufbruchsbewegung teilzuhaben, reist der 25jährige Hehn 1838 nach Berlin. Politik, Poesie und Philosophie – der Enthusiasmus für die europäischen Freiheitsbewegungen, die Schwärmerei für Byron, den »freien Dichter«, der energische Wille, in der Nachfolge Hegels dem modernen, fortschrittlichen Bewußtsein ein wissenschaftliches Fundament zu geben –: alles das sind für Hehn nur Facetten der einen und selben Sache. »Glaube nicht«, heißt es in einem Brief an den Bruder Julius vom 16. Februar 1839, »daß das abgezogene Denken die Phantasie ertöte. Kant bemerkt, zum Philosophen gehöre im gleichen Maße sinnliche Vorstellungskraft; ich möchte sagen, es gehört sogar ein feiner Geruch dazu. Auch Hegel besaß trotz seiner trockenen Logik rednerische Macht der Phantasie, wie selten einer; noch neulich las ich eine Stelle seiner Geschichte der Philosophie, wo er Voltaire und die französische Philosophie des achtzehnten Jahrhunderts in Schutz nimmt. Diese drei Seiten reichten hin, ihn unsterblich zu machen; es ist ein Dithyrambus der Freiheit, und wie eine Schar von Adlern fallen seine Worte zerhackend über das Gewürm der Frommgläubigen her... Ich hielt sonst die Hegelsche Philosophie für kirchlich und servil, wofür sie eine Zeitlang galt, und verschloß mich in Verstockung ihrem Evangelium. Aber im Gegenteil – sie ist die Philosophie des *Wissens*, also eine echte Blüte unsrer Zeit, wie Lord Byron der Dichter unsres Jahrhunderts. Atheismus – diese Scheuche soll mich nicht schrecken!« (*Nachlaß*, Schiemann 58. 60). Schon vorher, auf der Reise durch Schweden, hatte er einem Bekannten zugerufen: »Denken Sie an die Wiedergeburt Griechenlands, an die Julitage, an die rote Mütze und den Freiheitsraum, die Marseillaise und die Kokarde, an das Hambacher Fest, an die

Kriegszüge in den Thälern der Schweiz, an die Dramen der Parlamente und Assisen und an alles übrige, an die ganze große Freiheitsbewegung unsrer Zeit in allen ihren Thaten und Erscheinungen; überall die höchste Poesie, überall geistige Kräfte, die schweren Massen beflügelnd ... Eine Zeit kann nicht innerlich prosaisch sein, deren Gedankenumschwung so mächtig, so reißend und so allgemein ist« (*Nachlaß*, Schiemann 50).

Eines fällt hier auf: Vom Völkisch-Nationalen, vom »Volksgeist« als schöpferischer Kraft der Geschichte ist keine Rede, Freiheit ist nicht an nationale Einigung gebunden. Denn »Nationalität, diese Schranke, die den Fortgang hemmte«, ist für Hehn – im Sinne Hegels – bloße Naturform (*Reisebilder* 95), Erkenntnis und Freiheit nur erreichbar durch Überwindung des »Naturgefühls«, durch Verallgemeinerung des »beschränkt Volksmäßigen« ins »rein Menschliche« (*Reisebilder* VII). Deshalb ist ihm an der italienischen Einigungsbewegung »das Wesentliche und Entscheidende«, daß sie »nicht als rohe Stammesverwandtschaft, sondern als Kultursphäre erscheint; daß sie nicht Eigensinn der Race, sondern politisch-sittlich ist; daß die sich realisirende Nationalität eins und dasselbe ist mit Realisation von Bildung und Freiheit« (*Italien* 97), wogegen sich im deutschen Freiheitskrieg von 1813 nur der »Fanatismus eines feindlichen Stammes gegen den andern« regt, ein Patriotismus, dessen »Zielpunkte im Mittelalter liegen« (*Goethes Gedichte* 33 f.).

Die romantische Konzeption einer germanisch-deutschen Kulturkontinuität durch Pflege alter Volksbräuche kann daher für Hehn nichts anderes sein als Stagnation, als Verharren im Naturzustand: »Hat ein Volk irgendwo noch nationale Trachten behalten, besondere Sitten, lokale Überlieferungen und Gebräuche . . ., so ist dies ein Beweis, daß es sich von der Natur noch nicht losgerissen hat: der Mensch aber soll und wird in ein Reich der Freiheit und Vernunft eingehen, wo bloß der allgemeine *Gedanke* herrscht, nicht mehr der blinde Einfluß der Natur, die hier so ist und dort anders; diese Allgemeinheit wird durch die gleiche Tracht, Sitte und Sprache der Gebildeten schon jetzt dargestellt« (*Reisebilder* XVf., vgl. 300. 312). Der »Gebildete« und somit auch der »Städter« sind für Hehn – anders als für die Romantiker – keine Schreckfiguren: Der Deutsche suche, heißt es im *Physiognomie*-Aufsatz, »für sein schwärmendes Gemüt die Musik der Landschaft . . . Anders der platonische Sokrates – ich gehe nicht vor das Tor, sagte er seinem Freunde Phädrus, denn Land und Bäume können mich nichts lehren, wohl aber die Menschen in der Stadt!« (78).

»Politik, diese höchste Angelegenheit des Menschen« (*Reisebilder* XVIII), – das ist für Hehn »das Reich der Freiheit« (*Kulturpflanzen* 17), der freie Verkehr der Menschen untereinander, die Geselligkeit als Ausdruck der Teilnahme am »öffentlichen Leben«, als Ausdruck einer humanen, auf den irdischen Lebenskreis bezogenen Kultur. Kirche und Kaffeehaus können seinem bildhaften Denken daher zu Symbolen der alten und der neuen Zeit werden, als er 1839 in Padua neben der Kirche des hl. Antonius, »diesem uralten byzantinischen Ungeheuer«, das große und glänzende Café Pedrocchi sieht, »der

Pariser Boulevards würdig«, und dort zum ersten Mal in seinem Leben – ein unerhörtes Ereignis für einen Baltendeutschen! – um Mitternacht Kaffee trinkt: »Dort das Kaffeehaus und hier die Kirche, beide zwei Zeiten vertretend, die im Gegensatz stehen. Denn die Kaffeehäuser sind moderne Anstalten, von der neuen Zeit erzeugt und diese Zeit ihrerseits mehrend und erhaltend; da genießt man, da lebt man der heiteren Geselligkeit und liest Zeitungen: Zeitungen aber sind das Erste und Wichtigste des 19. Jahrhunderts, seine Seele, sein Gefäß ...« (*Reisebilder* 35).

Und was für die Menschen gilt, das gilt ebenso für die Völker: »Wie der einzelne Mensch nur in der Gesellschaft seine Bestimmung, d. h. die höchste Entwickelung seiner Anlagen erreicht, so sind auch die Völker in dem selben Maße, wie sie zur Bildung sich erheben, nur Schüler und Erben anderer umwohnender, überlegener Völker« (*Kulturpflanzen* 523). Es ist dies der Grundgedanke seines Hauptwerkes, das den heutigen Charakter der (griechischen und) italienischen Landschaft nicht als Naturphänomen, sondern als Produkt eines Zivilisationsprozesses erklärt, – eine moderne Variante der alten Idee der ›translatio artium‹, der Kulturwanderung von Ost nach West, hier übertragen auf den Bereich der alltäglichen Umwelt.

Gerade in diesem Bereich und der ihm entwachsenden Lebensform, die man gemeinhin in Naturwüchsigkeit und Volkstümlichkeit begründet sieht, findet Hehn den Kern dessen, was er unter humaner Kultur versteht: Nichts erwecke mehr »das Gefühl der Kultur und friedlicher Ordnung und zugleich der Dauer derselben« als der Anblick von Olivenhainen, heißt es in den *Kulturpflanzen* (116). Hier können »Land und Bäume« also doch etwas »lehren« – aber nur deshalb, weil die Naturlandschaft in eine Kulturlandschaft verwandelt ist.

Hehn erklärt das besagte »Gefühl« auf eine kulturtheoretisch einsichtige Weise: Nicht der Ackerbau ist, wie man gewöhnlich meint, der entscheidende Schritt zur Seßhaftigkeit, sondern die Baumzucht, denn beim Ackerbau ist »die Voraussicht« noch »keine lange, sie geht nur vom Frühling auf den Herbst«. Der Baum dagegen muß »Jahre lang erzogen und getränkt werden, ehe er Frucht gibt« (*Kulturpflanzen* 123. 582). Erst jetzt entsteht das dauerhafte, durch Hecke und Mauer gesicherte individuelle Grundeigentum und dazu noch ein kunstvolles Bewässerungssystem, das nach einer »festen politischen Ordnung« verlangt. Die Verteilung alter barbarischer und früh kultivierter Regionen auf der europäischen Landkarte konkretisiert sich für Hehn – abermals beweist er hier seine Kunst, Detailbeobachtungen in größere, überraschende Zusammenhänge zu stellen – im Bild einer nördlichen Bier- und Butterregion und einer südlichen Wein- und Ölregion, deren Grenze ja heute noch im langsamen Vordringen zum Norden ist (*Kulturpflanzen* 144): Butter, das tierische Fett, entstammt letztlich noch dem nomadischen Hirtendasein, Bier, der aus Körnerfrüchten gewonnene Trunk, dem noch nicht unbedingt seßhaft gewordenen Ackerbaudasein; Wein und Öl erst – »Bacchus' Gabe« und »Minervens Geschenk« – bringen den Sieg über die Barbarei, stimmen »den harten Ackerbauer mild und heiter« und machen ihn zu höheren Kulturleistungen fähig (124).

Hehn beschließt den langen Abschnitt über Wein, Öl und Feige mit der eindrucksvollen Parabel aus dem 9. Kapitel des Buches der Richter, der Parabel vom Dornbusch, der sich zum König über die drei Bäume wählen läßt und für den Fall des Ungehorsams mit Feuer droht. Olivenbaum, Weinstock und Feigenbaum gleichen für Hehn »dem Manne, der in begrenztem Kreise Werke des Friedens schafft und Wohlthaten spendet«, der flammende Dornbusch dagegen den Feuern des Despotismus und der Revolution, die »alles Privatglück, alle stille Kulturthätigkeit« verzehren (*Kulturpflanzen* 163).

Man könnte nun meinen, Hehns Kulturideal sei – in seiner Betonung des Friedens, der stillen Tätigkeit, der Geselligkeit und des Privatglücks – ganz und gar aus dem halkyonischen Geist des Biedermeiers hervorgegangen. Dagegen spricht aber allein schon, daß gerade in den Jahren vor 1848 Hehns politische Ansichten radikaler und revolutionsfreundlicher waren als danach. Eher scheint es, daß sich Hehns Vorstellung vom menschlichen Glück als Bestandteil eines Weltbildes erklärt, das den Fluchtpunkt der Geschichte nicht im Antagonismus einzelner Volkstümer sieht, sondern im Austausch und Ausgleich, in der »Verallgemeinerung«, in der Ausbildung zur »Gattung«, im »Kulturverkehr« und in »weltbürgerlicher Verfassung«. Nicht um biedermeierliche Selbstgenügsamkeit geht es hier, sondern im Gegenteil um die aktiv ausgreifende, optimistische Gewißheit, daß der Mensch des 19. Jahrhunderts – nach dunklen Zeiten barbarischer Naturgebundenheit und christlicher Jenseitssehnsucht – sich nun endlich zum Herrn seiner selbst mache und sich seiner wahren, nämlich irdischen Bestimmung bewußt werde. Anläßlich seiner Reise von Pisa nach Lucca notiert sich Hehn am 26. März 1840 ins Tagebuch: »Der Anblick dieser Gegend gibt ein Gefühl der Gesittung. Ueberall die ordnende Hand des Menschen. Hier ist kein Fleck, wo die Natur frei wäre, sie dient dem Nutzen, den Zwecken eines Wesens, das höher ist als sie. Es ist schön, wenn sie in blinder Wut, in unbewußter Hervorbringung hier schauerlich rast und verzehrt, dort das Kleinste sinnreich bildet, aber es ist auch schön, wenn ein Bewußtsein, ein Zweck jeden ihrer Schritte lenkt. Hier sind die Bäume beschnitten, das Land in regelmäßige Linien geteilt, der Berg ist zu Stufen abgestochen, schnurgerade läuft die Straße. Man fühlt sich über seine eigenen blinden Leidenschaften erhoben. Einst wird die ganze Erde ein solches Kunstwerk des Menschen sein« (*Reisebilder* 247f.). Interessant an dieser Passage ist zunächst der Hinweis auf die Wechselwirkung zwischen Mensch und Natur – und zwar einer Natur, die erst in ihrem geordneten, von Menschenhand gestalteten Zustand zu einem Teil humaner Kultur wird, nicht minder interessant aber auch der hochgemute Schlußsatz, der diese Kultur zur Menschheitsaufgabe, die »ganze Erde« zum ihr zugewiesenen Tätigkeitsfeld macht.

Von solchen Sätzen her wird es dann auch verständlich, daß alle Metaphysik diesem Kulturbegriff fern bleiben muß. Und es ist mehr als eine bloße Metapher, wenn Hehn hier wiederum auf die Baumzucht, den Inbegriff seines Kulturideals, zurückgreift: »Die Städtearchitektur des Mittelmeeres« steige, so erklärt er, »etwa so weit empor, wie auch die höchsten Bäume«, während im mittelalterlichen Westeuropa Türme und Kreuzgewölbe »sehnsuchtsvoll gen Himmel« getrieben wurden, ein »barbarischer, krankhafter Drang« (*Kulturpflanzen* 143, vgl. *Reisebilder* 29f.).

Das Verdienst, die ersten Schritte zur Verbreitung der von Hehn beschriebenen – irdisch-menschlichen und daher tendenziell auch die ganze Menschheit erfassenden – Kultur gemacht zu haben, wird schon den alten Römern zugesprochen. Und bezeichnenderweise ist es ihr »wunderbares Abstraktionsvermögen«, das Hehn in seiner *Charakteristik der Römer* an erster Stelle nennt: Dieses Vermögen sei, heißt es in Hegelscher Diktion, »das Werkzeug« gewesen, »dessen sich die weltgeschichtliche Idee bediente, um die gesonderten Volksgeister« zur Einheit zu bringen. »Erst seit den Römern giebt es eine wahrhafte Geschichte der Menschheit« (164, vgl. *Reisebilder* 95f.). »Sie waren dazu bestimmt, die blinde Manichfaltigkeit localer, provincialer und nationeller Besonderheiten in eine abstrakte Allgemeinheit aufzulösen und so die Völker von den Schranken des unmittelbaren Naturzustandes zu befreien« (*Römer* 163). Vertreter der »Volksgeist«-Lehre würden hier sicherlich vor der Gefahr einer allzustarken Gleichmacherei gewarnt haben. Hehn aber blieb vor solchen Ängsten wohl schon deshalb bewahrt, weil er ein Anhänger des klassischen Kunstgeschmacks war: »Die lateinische Sprache ... erzog die wuchernde Wildheit des barbarischen Idioms zu Maaß, Form, Klarheit und Regel ... Ein gleiches Zucht- und Reinigungsamt hat das römische Recht geübt« (165).

Dieser Geist einer auf irdische Verhältnisse bezogenen Rationalität kann nun deshalb, weil er für Hehn zugleich auch ein Geist der Kommunikation und der Geselligkeit ist – konkretisiert durch das moderne Kaffeehaus –, im mediterranen Klima besser gedeihen als im nördlichen. In seiner großen Lobrede auf die Italiener, im Kapitel ›Pro populo Italico‹ des *Italien*-Buches, erzählt Hehn von einem Volksfest in der Arena von Mailand: der »wunderbarste Theil« dabei sei für den Fremden »jene menschlich heitere, mit angeborenem Takt sich selbstbeherrschende, von keiner Polizeigewalt gehütete Zuschauerschaft« gewesen (77). Unter den Gründen für solche Haltung nennt Hehn »zuerst das milde Klima, den Aufenthalt im Freien«, und daraus resultierend dann »die mehr öffentliche Sitte, den socialen Sinn« (78). Während der Deutsche »in seiner stillen Privatexistenz« allenfalls abends mit dem Nachbarn »kannegießert«, um dann im Bett »alle Träume und Großthaten zu verschlafen«, lebt der Romane »in der Gesellschaft, im politischen Gewühl, auf der Straße«, – daher waltet in der »deutschen bürgerlichen Häuslichkeit . . . Treue und Gemüt«, »in der Thätigkeit der mehr politischen Völker Verstand und Wille« (*Hermann und Dorothea* 43 f.). Wie in allen romanischen Ländern, so seien auch in Italien »alle Stände nahe gerückt und durch gleichen Anstand verbunden; der Offizier und der Gemeine sitzen in demselben Kaffeehaus an demselben Tische; der Signore und sein Gärtner leeren gemeinsam in der Laube ihre Bottiglia.« Zu alledem kommt »die leichte Pflanzenkost, der heitere Sinn, der, wie schon Goethe bemerkt, über Weinländern in der Luft zu schweben scheint . . . Hier krümmt sich der Mensch nicht unter der Peitsche der Noth, die im nordischen Winter einen Theil der Bevölkerung häßlich und blöde macht. Faulheit ist dem Italiener noch erlaubt, und diese gütige Göttin erhält ihm seine Gesundheit« (*Italien* 79, vgl. *De moribus* 41).

Auch im Studium der Völkerphysiognomien scheint Hehn – wie in der Goethe-Philologie – dem Denken seiner Zeit um einiges voraus gewesen zu sein. Wollte man ihn dem heutigen Leser mit Hilfe modischer Kategorien schmackhaft machen, so ließe sich durchaus sagen, daß Hehn bereits das entdeckt habe, was die moderne Geschichtswissenschaft »Mentalität« nennt: Kollektive Verhaltens-, Gefühls- und Denkformen als geschichtlich bedingter, aus »besonderen sozialen Situationen« entwickelter »wenig reflektierter Lebensduktus« (Tellenbach 1982, 392. 394). Die leidige Frage, wo »Kultur« beginne – ob erst mit der Schriftlichkeit, ob schon beim Volkslied usw. –, die weitere Frage, ob und wie »Kultur« von »Zivilisation« zu trennen sei: alles das, worüber sich die »Völkischen« den Kopf zerbrechen, verliert hier seine Wichtigkeit. Denn die Hehnsche »Kultur« definiert sich zuvörderst dadurch, daß in ihr zwar die Gebildeten eine Pionierrolle spielen mögen, daß sie aber eben keine Gebildetenkultur ist, sondern als »wenig reflektierter Lebensduktus« alle Stände durchsäuert. Deutlich wird dies dort, wo Hehn das deutsche »Volkslied« mit italienischen Entsprechungen vergleicht: »Das niedere Volk, so unwissend es sein mag, wandelt doch im Lichte und auch sein Singen ist schon Kunst, d. h. Niederschlag einer alten Kultur« (*Italien* 93). Die Unterscheidung von Volks- und Kunstlied verflüchtigt sich –, Hehn demonstriert es an der italienischen Oper, an Bellinis *Sonnambula*: »Gestern abend lag ich gegen Mitternacht bei hellem Mondschein noch am Fenster: da kam ein Trupp niederer Leute aus einer Osteria und zog bei mir singend vorbei. Es war ein mehrstimmiger Chor aus der Somnambule, aber so richtig, von so vortrefflicher Stimme vorgetragen, daß ich mit Vergnügen lauschte. Ich fragte meine Nachbarin, die junge Tochter meines Wirts, ob ihr die Musik dieser Oper gefiele: ›Ah, deliziosa‹, sagte sie mit innigem Ausdruck des Gefühls. Das Mädchen ist ungebildet, weiß nichts von Urteilen andrer, aber Bellini entzückt sie ... In Bellinis Tönen herrscht nie ein dumpf in sich versunkenes Gemüt, nie jene indische sinnbildliche Bedeutungsfülle; seine Musik ist wie mondbeschienenes fliehendes Gewölk, wie der Nachthauch, der um den Rosenstrauch spielt« (*Reisebilder* 101 f.).

Hehn sieht Italien nicht mehr mit den Augen des romantischen Altertumsfreundes, und nirgendwo trauert er einer schöneren Vergangenheit nach – ja, er empfindet es, wie Paul Requadt bemerkt, geradezu »als Unrecht ..., das italienische Leben nur ästhetisch zu genießen« (1962, 100, vgl. dazu auch *Reisebilder*, XII ff.). »Romantisch« und »kulturfeindlich« werden identische Begriffe (*Kulturpflanzen* 2), und mit irritierender Beiläufigkeit wird registriert, wenn Altehrwürdiges neuen Zwecken dienstbar gemacht wurde: »Unser Gasthof in Perugia war ein ehemaliger Palast, voll Oelgemälde, Vergoldung und Damast. So geht es, die Klöster werden Fabriken, die Adelspaläste Wirtshäuser« (*Reisebilder* 237). Gerade solche ständig erneuerte Nutzung tötet nicht Vergangenheit, sondern hält sie gegenwärtig, denn hohes Alter gehört per definitionem zu Hehns Begriff der Kultur als Lebensform: »Jeder Schritt auf diesem Albanergebirge führt über einen Boden, der seit urdenklicher Zeit von Menschen betreten, verwandelt, an ihrer Geschichte und Bildung teilnahm. Hier ist die Natur längst, längst aus ihrer wilden, jungfräulichen Ursprünglichkeit getreten, und wenn sie in den Urwäldern Amerikas den ersten Eindringling mit fremden und erstaunten Augen erblickt und ihn mit dem kühlen Hauch unverwischter Frische anweht, so ist sie hier des Menschen gezähmte und längst gewohnte Genossin ... Auch die Menschen Italiens tragen das Zeichen uralter Kultur. Sie sind bis auf den Grund und durch und durch von der Gesittung, in der sie seit dreitausend Jahren lebten, durchdrungen. Nie überschreiten sie das Maß der Menschlichkeit; sie haben ein geborenes Anstandsgefühl, darum sie sich auch so viel erlauben dürfen ... Wir Barbaren würden roh und gemein werden, wenn wir mit strenger sittlicher Zucht nicht uns selbst hüteten ... Am prüdesten sind die Engländer, weil kein Volk von Natur roher ist« (*Reisebilder* 202f., vgl. 32).

Kein Wunder, daß Hehn den Gegensatz von Germanen und Romanen selbst noch in seiner Gegenwart nicht anders denn als Gegensatz von Natur und Kultur zu erfassen vermag: Nördlich der Alpen sind die Stände noch »durch eine weite Kluft getrennt« und nur die höheren Schichten von ausländischer Bildung durchdrungen (*Italien* 93). Aber auch ihnen fehlt die Harmonie von Geistigem und Sinnlichem, »der Sohn des Nordens« ist ein »schwankendes, gebrochenes Geschöpf« (*Italien* 73). Das rauhe Klima hemmt den Verkehr der

Menschen untereinander und läßt sie in ihrer Vereinzelung verharren, – ebenso knapp wie suggestiv beschrieben in Hehns Worten von der »Insel Island, auf der in Pelz gehüllte Menschen ohne Form und Umriß umhergehen« (*Goethe* 17). Eine Folge der Disharmonie ist, daß statt »der offenen Hingabe an Welt und Leben« die Reflexion dominiert. Schon in den *Reisebildern* fällt das Wort vom »reflektierenden Norden Deutschlands« (100, vgl. *Goethes Gedichte* 3), und das Einleitungskapitel der *Gedanken über Goethe* spielt in ebendiesem Sinne den Nordosten Deutschlands gegen den mit keltisch-römischem Erbe durchmischten Südwesten aus. Von Kant heißt es, daß er seine Untersuchung auf das erkennende Subjekt gewandt habe, »und diese Kritik ergab, daß alle Form der Wahrheit von eben dem Subjekte zur Erfahrung hinzugebracht werde, das Ding an sich aber, als undurchdringlich, auf ewig sich verberge; den Verlust der Welt ersetzte er durch schroffe ethische Abstraktion, das kategorische Gebot ...« (*Goethe* 16). Die Erlösung kam aus dem Süden: durch Schelling und Hegel, die »eine objektive Vernunft, die Einheit des Idealen und Realen oder des Denkens und Seins verkündigten ... und vor der Wärme dieses neuaufgegangenen Frühlings schmolzen die starren hartnäckigen Trennungen des abstrahierenden Verstandes und der dualistischen Moral« (17).

Daß es den Menschen des Nordens an »Kultur« gebricht, zeigt sich speziell auch in der »Politik«, – das Wort im Hehnschen Sinn verstanden als Inbegriff gemeinschaftsstiftenden Verkehrs freier Menschen untereinander in einer »Öffentlichkeit«, für die zu Hehns

Zeiten Kaffeehaus und Zeitung typisch sind. Nördlich der Alpen förderten die Naturgegebenheiten am ehesten die Extreme: entweder den eigenbrötlerischen Individualismus oder die streng-asketische Staatsbildung. Sie verlangten jedenfalls nicht – wie die mediterrane Landschaft beim Bau von Bewässerungssystemen – nach »organisirter Gemeinschaft«: Der Germane siedelte sich daher an, »wo es ihm beliebte, fragte nichts nach dem Nachbar und bildete den Charakter persönlicher Eigenheit in sich aus« (*Kulturpflanzen* 9). Gleichzeitig aber konnte der oft karge Boden – wie es Hehn am Beispiel der Mark Brandenburg zeigt – »den Willen stählen und den Sinn auf das Wesentliche richten.« Und in einer für Hehn bezeichnenden Formulierung heißt es dann von den Bewohnern: »Diese enthaltsamen, in Entbehrung und Gehorsam aufgewachsenen Menschen durften einander nicht gewähren lassen ...« Es entstand ein Staat, dessen Prinzipien – »strenge Manneszucht«, »unerbittliche Pflicht« – sich in zwei Institutionen kundtaten: »in dem Heere und in der Verwaltung« (*Goethe* 18).

Auffällig ist, daß – bei allem Enthusiasmus für »Politik« – von Staat, Verfassung und Parlamentarismus sonst wenig die Rede ist. Wenn Hehn den Staat einmal als »allgemeine Rechtsanstalt« definiert, wirkt wohl die Hegelsche Lehre nach, die Staat und bürgerliche Gesellschaft voneinander trennt und dem Staat im wesentlichen eine Bewahrungs- und Sicherungsfunktion zuweist (vgl. etwa Riedel 1969, 100ff.). Auch die beiläufige Bemerkung: »conservativ wie jede Regierung ist und auch sein soll« (*Italien* 149), betont diesen Anstaltscharakter des Staates. Als Fünfundzwanzigjähriger – in seinen schon zitierten Aufzeichnungen von 1838 – schwärmt Hehn zwar von Marseillaise, Kokarde und revolutionären Bewegungen, spricht dabei aber nicht von der konkreten Durchsetzung politischer Rechte, sondern von der »Poesie«, die in alledem sei (bei Schiemann 50, oben S. 119). Was Hehn hier im Auge hat, sind nicht die politischen Zustände und Institutionen selbst, sondern die emotionalen Kräfte, die sie schaffen und bewegen. Und er läßt dabei keinen Zweifel, daß weder der altgermanische Individualismus noch das preußische Staatsethos seiner Vorstellung von humaner Kultur gerecht werden. Hehns Ideal ist der Geist der »freien Gegenseitigkeit«, wie er ihn immer wieder bei den Romanen anzutreffen meint (*Kulturpflanzen* 9). In einem instruktiven Beispiel, das er dem Amerika-Buch Julius Fröbels – eines alten Achtundvierzigers – entnimmt, kann er romanisches Verhalten dem germanischen sogar direkt gegenüberstellen: In Neu-Mexiko und Texas hatten die Spanier meilenweit Bewässerungskanäle gezogen, die die angelsächsischen Einwanderer verfallen ließen, weil sie, wie Fröbel sagt, »ihrem individualistischen Geiste widerstreiten«. Im Mittelmeerraum dagegen war »organisirte Gemeinschaft« – wohlgemerkt: »organisirte«, nicht organisch gewachsene – seit jeher »ein Gebot der Natur« und wurde daher »ein Charakterzug der Völker« (*Kulturpflanzen* 10).

Das Originelle an Hehn ist, daß es ihm – mag er nun als Kulturtheoretiker, als Reiseschriftsteller oder als Goethe-Philologe schreiben – letztlich immer um das »Politische« geht, daß er das Politische aber als das versteht, was im landläufigen Sinne allenfalls Voraussetzung der Politik ist: als Inbegriff des Sozialverhaltens, als wirtschaftlich bedingte Lebensform, als Geselligkeitskultur. Politik beginnt für Hehn also bereits im alltäglichen Verkehr der Menschen untereinander. Auch die ebenerwähnte Irrigation interessiert ihn mehr noch in ihrer »politisch-sittlichen Wirkung« als in ihrer Funktion für den wirtschaftlichen Ertrag (*Kulturpflanzen* 10). Und selbst das, was ihn zu Goethe hinzieht, ist doch vor allem dessen »milder, humaner Geist« (*Goethe* 148), – ein Geist, den Goethe in den Main- und Rheinlanden, »an der Grenze des hellen und humanen Frankreich«, empfangen hat und der sich wiederfindet in der Gestalt der Dorothea: »In ihr verschmilzt das deutsche Gemüt mit dem feinen Takt und Verstand der französischen Nachbarn« (*Hermann und Dorothea* 61. 94). Alle Schriften Hehns – nicht nur *De moribus Ruthenorum* – sind Beiträge zu einer politischen Völkerphysiognomie (wobei das »Völkische« nicht als absolute Größe genommen, sondern jeweils am Maßstab der Idealvorstellung von weltbürgerlicher Kultur gemessen wird). Hehns Leitidee äußert sich dabei oft nur in beiläufigen Bemerkungen: »Sie antwortet verbindlich, die soziable Grazie ist ihr angeboren«, heißt es von einer jungen französischen Bäuerin (*Reisebilder* 285). Gleich darauf wird dann »der französische soziale Sinn« gepriesen, »die Feinheit des Benehmens, die Höflichkeit, die achtungsvolle Form, die jedem, auch dem Niedrigsten, dem Ungebildetsten, innewohnt« (286, vgl. 325).

Den Sinn für die Wahrnehmung solcher Feinheiten, das Bewußtsein, daß der »soziale Sinn« des einzelnen Individuums die Vorbedingung aller staatlich organisierten Gemeinschaftsformen sei, konnte Hehn schon frühzeitig in den ganz und gar eigentümlichen, »kolonialen« und daher in gewisser Weise künstlichen Lebensverhältnissen seiner Pernauer und Dorpater Jahre entwickeln, – eigentümlich und künstlich insofern, als die Baltendeutschen den natürlichen Familien- und Stammesgebundenheiten des Mutterlandes entrissen und zum ständigen Kontakt mit fremden Nationalitäten genötigt waren. In einem Aufsatz *Über den Charakter der Liv-, Est- und Kurländer*, der 1848 anonym erschien, spricht Hehn von der »feineren Entwicklung des geselligen Lebens« in den Ostseeprovinzen: Der Baltendeutsche habe daher »mehr sozialen Sinn, mehr politischen Blick, mehr Leichtigkeit in Darstellung jeder Art, als sein Stammesgenosse im Mutterland«. Auf Reisen in Deutschland mache er »den Eindruck des Liebenswürdigen«, den der Deutsche – noch »im Familiengeist befangen« und daher »politisch unfähig« – als ein »fremdartiges Element« empfinde, »das mit der echtdeutschen blöden Innerlichkeit« nicht zusammenstimme (107. 110. 105, vgl. *Briefwechsel* 69).

Als Zeugen dieses freien baltischen Geistes nennt schon Hehns Aufsatz drei Männer: »Lenz war an Goethes Seite unter den Stürmern und Drängern, Merkel bekämpfte unermüdlich in einem langen Leben die gegen die Aufklärung reaktionäre Romantik, Jochmann vertrat während der Restauration in geistreichen Aperçus den Liberalismus jener Epoche« (109f.). Es sind dieselben Namen, die auch Walter Benjamin in seinem Jochmann-Aufsatz von 1939 anführt: Jakob Michael Reinhold Lenz, einen Wortführer »revolutionären Empfindens«, dann Garlieb Merkel, der mit seinem Buch über *Die Letten* 1796 »den Kampf um die Beseitigung der Leibeigenschaft in Lettland« eröffnete, schließlich Carl Gustav Jochmann selbst, der seine Abneigung gegen die Romantik nie verheimlichte, der »eine seltene schriftstellerische Meisterschaft« besaß und dessen Syntax »gleichsam Meißelspuren« trägt (Benjamin [1939] 1966, 356. 355. 359). Hehn wird von Benjamin nicht erwähnt, – vielleicht eben deshalb nicht, weil Jochmanns »Wahlverwandte«, wie es heißt, »von Vergessenheit wie umschattet« seien (352). Auch Benjamin war auf Jochmann eher zufällig durch Werner Kraft aufmerksam gemacht worden, aber schon kurz darauf, am 29. März 1937, schrieb er voller Begeisterung an Margarete Steffin: »Ich habe einen der größten revolutionären Schriftsteller Deutschlands entdeckt – einen Mann, der zwischen der Aufklärung und dem jungen Marx an einer Stelle steht, die bisher nicht zu fixieren war« (zit. bei Pörksen 1981, 202). Genau ein Jahrhundert früher taucht Jochmann schon bei Hehn auf – in einem Brief an den Bruder Julius vom 30. Mai 1837: »Erzähle Onkel Adolf, daß ich die letzten Tage in der genußreichen Gesellschaft seines Freundes, des Karl Gustav Jochmann, zugebracht habe. Zschokke machte mich mit ihm bekannt; er gibt Jochmanns Briefe und Nachlaß heraus. Welch ein freisinniger, welch ein geistreicher Mann, und unser Landsmann!« (zit. bei Schiemann 38 f.). Jochmann war bereits 1830, im Jahr der Julirevolution, gestorben, – gemeint ist mit der »genußreichen Gesellschaft« also die Lektüre seiner Schriften, die Heinrich Zschokke gerade zu jener Zeit im Begriffe war zu veröffentlichen (*Reliquien*,

3 Bände, 1836-1838). Der Genuß, den Hehn empfand, ist begreiflich, denn die Ähnlichkeit der Jochmannschen Ideen mit den seinigen – in der Ablehnung der Romantik, in der Bejahung von Fortschritt, Öffentlichkeit, Pressewesen und Weltbürgerlichkeit – ist unübersehbar, freilich mehr im Sinne einer Wahlverwandtschaft als in dem einer Abhängigkeit. Außerdem stammte Jochmann aus Pernau, also jener Stadt, in der Hehn jahrelang als Lehrer wirkte – er war dort 1789, im Jahr der Großen Revolution, geboren –, und Werner Kraft eröffnet daher seine umfängliche Jochmann-Biographie mit einem Zitat aus »einer prägnant geschriebenen Beschreibung der Stadt Pernau in Livland – sie ist anonym erschienen, stammt aber von Victor Hehn –«, einem Zitat, das mit dem Satz endet: »Dagegen kann Pernau stolz sein, Jochmann hervorgebracht zu haben...« (Kraft 1972, 1). Später bringt Kraft noch eine Passage aus einem Brief Jochmanns an C. H. v. Sengbusch vom Jahre 1821, in der auch der besagte Onkel Adolf erwähnt wird: »Beneidenswert nennen Sie mich. Ich bin es, daß ich Freunde habe wie Sie, Hehn (versäumen Sie doch nie eine Gelegenheit meiner bei ihm zu gedenken), die Krauses, Gervais, Zschokke...« (Kraft 1972, 198f., im Register 408 verwechselt mit Victor Hehn).

Diese liberal-demokratische Tradition setzt sich im Baltendeutschtum bis weit über die Jahrhundertmitte hinaus fort. Ihr publizistisches Organ findet sie seit Beginn der 1860er Jahre in der *Baltischen Monatsschrift*, deren große Zeit die Jahre 1862–69 sind, in denen Georg Berkholz, bis zu seinem Tode 1886 der engste Freund Victor Hehns, die Redaktionsgeschäfte führt. Auch

Berkholz hatte – wie Hehn – in Berlin studiert, dort den Einfluß der Hegelschen Philosophie erfahren, im Mendelssohnschen Hause verkehrt und in freundschaftlicher Verbindung mit H. B. Oppenheim, dem späteren Herausgeber der *Deutschen Jahrbücher*, gestanden. Mit Hehn teilt er die Abneigung gegen allen Nationalismus: »Hol der Teufel den Patriotismus«, schreibt er am 9. November 1865 an Hehn (Wittram 1931, 21 ff., 27). Eine Möglichkeit zur Propagierung seiner liberalen Humanitätsideale sieht er besonders in der Judenfrage, und so erscheint während seiner Redaktionsjahre eine ganze Reihe von Artikeln zu diesem Thema, eröffnet 1862 durch Victor Hehn, der – wie Wittram sagt (44) – »in klassischer Weise die Emanzipationsidee entwickelt« (*Juden in Europa* 93 ff.). Den Ruf der Monatsschrift als einer politischen Zeitschrift festigen danach noch die sog. *St. Petersburger Correspondenzen*, die Hehn seit dem Herbst 1863 zu veröffentlichen beginnt und schon im Frühjahr 1864 wegen politischer Bedenken wieder einstellen muß. Diese mit funkelndem Witz geschriebenen *Correspondenzen* zeigen, daß die künstlichen Lebensverhältnisse der zaristischen Hauptstadt – das enge Nebeneinander von internationaler Oberschicht und einheimischer Bevölkerung – durchaus dazu angetan sind, die kulturtheoretischen Ansichten zu festigen, die Hehn in den baltischen Provinzen gewonnen hatte: »Kommt man ... eben von dem Frühstück mit Kaviar und Mayonnaise und einem Glase alten Xerez voll spanischen Feuers und hat dazu das *Journal de St. Pétersbourg* gelesen – ein vortrefflich redigirtes, belgisch gebildetes, elegantes, schon aus Rücksichten des Taktes und guten Tones humanes und liberales Blatt, das die Pöbelhaftigkeiten der preußischen Junker- und Pfaffenzeitungen nie über seine Lippen bringen würde – und wandert an den Schaufenstern mit Photographien und bronzenen Carricatur-Leuchtern und kristallenem Zuckerwerk vorüber, weiter zum sogenannten russischen Quai, um den schönen Damen in Bibermuffen und mit den sammetenen, die Fülle des Haares bauschig auf dem Nacken tragenden Pelzmützchen zu begegnen, und mitten unter all diesen Erkennungszeichen der Civilisation fällt der Blick unten auf die dahinfliegenden Rennthiergeweihe und die vorn auf dem Schlitten hockenden Menschen ›plattköpfig, breitmäulig und klein‹, da erinnert man sich plötzlich, *wo* man ist und am Rande *welcher* Realität die luftige Cultur-Maskerade spielt und daß der Boden, der all diese Herrlichkeiten trägt, derselbe ist, der nach Nordosten in seiner wahren Gestalt als ewig gefrorene Moostundra erscheint! Und daß auch der Himmel derselbe ist, das lehren die kurzen Tage, die Nebelwochen ohne Sonne, die ununterbrochene künstliche Ofenwärme, die verkitteten Doppelfenster, das ewige Gas- und Lampenlicht, die zerstörten Nerven, der Branntwein, die Dampfbadstuben und die aus ihnen hervorströmenden Menschen, aufgedunsen und roth wie frischgesottene Krebse« (555).

Die *Correspondenzen* sind Gelegenheitsarbeiten, der Judenaufsatz aber – eigentlich auch nur ein »Lückenbüßer« – liegt dem Autor mehr am Herzen: er soll »einen Strahl Aufklärung nach Kurland hinübersenden« (*Briefwechsel* 56). Denn es entspricht der Logik der Hehnschen Kulturtheorie, daß in ihr gerade die Juden – verstreut über alle Länder Europas – als »ein wichtiger Factor in der großen Culturbewegung« erscheinen, die zum »Ideal der Humanität« führt (*Juden in Europa* 111). Hehn läßt seinen Spott aus über die »edlen Städte Mitau, Grobin und Libau«, die »auf die Frage der Gouvernementsregierung, ob Juden zu den städtischen Aemtern zuzulassen seien, verneinend geantwortet« hätten: »Zwar Mitau etwas verschämt: im Princip *ja!* aber wir Europäer sind jetzt durch den Congreß-Briefwechsel im diplomatischen Stil geübt und errathen der Mitauer Herzensmeinung ohne Schwierigkeit. Den Vätern der Stadt Libau aber, die *sans phrase* votirt haben, drückt die dankbare Menschheit den Petersilienkranz der Anerkennung auf die muthige Stirn – *à tout seigneur tout honneur!* Die Libauer, durch den Handelsverkehr aufgeklärt, wissen daß Humanität nur ein leerer Schall ist. Zwar sind die im Angesicht Libaus liegenden Städte Königsberg, Elbing und Danzig von Juden-Concurrenz befleckt und noch immer nicht vom Schwefelregen verzehrt, aber dies Ereigniß wird ohne Zweifel bald eintreten...« (*Correspondenzen* 561f.). Gegen »die Wortführer der christlich-germanischen Treue« verteidigt Hehn den jüdischen Witz und den Anschein der Frivolität als Ausdruck »einer höheren sittlichen oder theoretischen Bildungsstufe«, während er zugleich »den Muth in abstracto, gleichviel wo und wofür«, eine Tugend vergangener Ritterzeiten nennt und »die Ehre... ein zweideutiges Surrogat charaktervoller Sittlichkeit« (*Juden in Europa* 112). Er beruft sich dabei auf eine Mommsen-Sentenz – »aber der Mensch soll kein Ritter sein« –, ein raffiniert eingesetztes Zitat, da es aus einer Passage der *Römischen*

Geschichte stammt, die den »kühnen«, »ritterlichen« Keltenfürsten Vercingetorix mit Hannibal vergleicht, dem »nüchternen Bürgersmann der phönikischen Kaufstadt« (III, ^{12}1920, 292). Bürgerlich-liberaler Pragmatismus wird hier ausgespielt gegen die antiquierten »Ritter«-Tugenden der Deutschtümler, für die Hehn auch sonst wenig Sinn zeigt: »Italien ist das Land der Feigen – dieser mäßige Wortwitz ging bei österreichischen Offizieren um, als sie noch vor den Kaffeehäusern auf dem Marcusplatz in Venedig saßen. Der Italiener ist feige, wenn man will – wie eine nervöse Organisation, eine vormalende Phantasie den Muth ausschließt, der das Ergebniß derberer Complexion zu sein pflegt« (*Italien* 85f.).

In der »Künstlichkeit« der Lebensverhältnisse mag Hehn eine spezielle Affinität zwischen Baltendeutschen und Juden, in der Schattenexistenz und im Außenseitertum der Juden vielleicht sogar eine Art von persönlicher Schicksalsverwandtschaft sehen. Daß Spinoza für den Goethe-Verehrer Hehn zum »erhabensten sittlichen Vorbild« wird, verwundert nicht, eher schon die lebenslange Sympathie für Börne, den ärgsten Goethe-Hasser: – »Börne, der mit der feinsten nervösen Empfindlichkeit einen unverrückbaren Adel der Gesinnung verband«, heißt es im *Juden*-Aufsatz (112), und im Buch *Über Goethes Gedichte* ist die Rede vom »langen erbitterten Kampfe Ludwig Börnes gegen Goethe, des armen Judenknaben aus dem Frankfurter Getto gegen den reichen Frankfurter Patriziersohn, des Unglücklichen, zu Tode Gequälten, tief Blickenden, von seiner Zeit des Wahnsinns und Frevels Angeklagten gegen den Vergötterten, den im Sonnenlichte des Lebens und im Schmucke der Schönheit Dahinwandelnden« (8, vgl. *Hermann und Dorothea* 27). Selbst noch in der Verdrossenheit der letzten Berliner Jahre, als Hehn in Heine und Börne nichts anderes mehr sehen will als »zwei kluge, mit scharfer Witterung begabte Gnome« (*Goethe* 182), kann er zumindest in einer Fußnote nicht die Frage unterdrücken, was Börne zu Goethes Briefen gesagt hätte, wenn sie ihm seinerzeit schon bekannt gewesen wären: »Denn man kann es nicht leugnen, der Jude Börne war doch ein überlegener, durch die Oberfläche dringender Geist, von dem man viel lernen kann, besonders wenn man nichts als ein Germane ist« (189).

Wenn es richtig ist, daß Hehn, ähnlich wie früher schon Jochmann, Anregungen zu seiner Kulturtheorie – Anregungen sozusagen atmosphärischer Art – aus dem Milieu des baltischen Liberalismus und vor allem auch der typisch baltischen Geselligkeitskultur bezogen hat, dann wird verständlich, daß Staatsverfassung und -organisation darin fast gar keine Rolle spielen und allenfalls nur die Funktion haben, so etwas wie die Rahmenbedingungen der sozialen Kultur zu schaffen. Typisch für Hehn sind die Eindrücke, die er sich auf seiner Frankreich-Reise 1840 ins Tagebuch schreibt. Zunächst das Eingeständnis: »Italien besitzt eine Freiheit des Lebens, die mir so süß ward, daß ich hier in beständigem Zwang bin.« Dann aber die Erkenntnis, daß »demjenigen, dem die edle Sitte zur Natur geworden ist«, Gesetz, Freiheit und Vernunft identisch werden: »Das französische Volk schmachtet durchaus in keinem konventionellen Joch,

Gesetz und Freiheit fallen ihm in eins zusammen« (*Reisebilder* 287). Der französische Staat sei zwar »allwissend«, aber jedem Regierungsgebot stehe »das Gesetz, dessen Datum und Artikel zur Seite«: Daher sei man »nicht blind dem Befehl der Macht unterworfen, wie bei uns: ich bin immer an das Gesetz, d. h. an meinen eigenen Willen, den Beschluß meiner eigenen Vernunft erinnert« (288).

Das alles ist die reine Hegelsche Lehre: Auf der höchsten Stufe wird »edle Sitte« wieder zur Natur, söhnt sich das Individuum mit dem Allgemeinen aus, »gehorcht den Gesetzen und weiß, daß es in diesem Gehorsam seine Freiheit hat« (zit. nach Oberndörfer/Jäger 1971, 110). Mit den drei Stufen oder »drei Momenten« operiert Hehn auch sonst: »Die russischen Arteltschicks sind von exemplarischer Ehrlichkeit; ohne lesen und schreiben zu können ... kassiren sie täglich große Summen ein und niemals fehlt etwas. Das ist der Primärzustand. Betrug und Unsicherheit findet sich erst auf der zweiten Stufe ein, der der beginnenden Reflexion und Bildung. Unerschütterliche Institute der Ehrlichkeit sind dann erst die Folge noch weiter gestiegener Bildung« (*De moribus* 106f.). Dasselbe im Gerichtswesen: »Die Volksgerichte verschwinden und es kommt der schriftliche Proceß, Aktenstöße, Schematismus, juristische Gelehrsamkeit...« Dann, auf der dritten Stufe, sind Rechtssinn und Rechtsbildung »soweit ausgebildet, daß man wieder auf die Einfachheit der uranfänglichen Rechtsbehandlung zurückgreift« (107, vgl. *Kulturpflanzen* 4).

Was sich hier im Detail geradezu modellhaft abzuspielen scheint, will Hehn immer wieder auch im Großen nachweisen, – der ganze Plan einer »Kulturgeschichte Europas«, jenes vorhin schon erwähnte »Riesenwerk«, gipfelnd in der Gestalt Goethes, gründet sich auf diese Dreistufenlehre: »Urzeiten sind objectiver Geist«, sie kennen noch »keine in sich reflektirten Subjecte«, und sie sind daher die Zeiten der epischen Dichtung (*Homer* 81, *Hermann und Dorothea* 7ff.); es folgt die Stufe der Reflexion, die »das in sich gebrochene Gemüt« entweder zur lyrischen oder zur dramatisch-tragischen Dichtung drängt (9f. *Goethe* 211), bis dann in der dritten Stufe »die bewußtvolle Versöhnung und Seligkeit wieder eingetreten ist«, »unser allzu geistiges Dasein ... zu einer zweiten Natur« wird und abermals das Epos herrschen kann (*Hermann und Dorothea* 24. 103). Hehn sieht Goethe bereits »in dieser Region echter, in sich beruhigter Menschlichkeit« (24), und sinnvoll fügt er die beiden Grundthemen seines Lebenswerkes – Italien und Goethe – zusammen, indem er feststellt, daß »jene episch-plastische Richtung, die der Dichter durch seine eigene Natur und durch Spinoza erhalten hatte, ... zur völligen Reife in dem plastischen Italien« kam: »Die Natur- und Kunstwelt Italiens gab ihm die durchsichtige Klarheit, die vollendete Form, die objektive Bestimmtheit und den milden Frieden, der seine Werke von da an auszeichnet« (25f.).

Aus der Sicht der Hegelschen Philosophie finden nun auch zwei – schon besprochene – Eigentümlichkeiten der Hehnschen Kulturtheorie ihre plausible Erklärung: 1. Das stärkere Interesse an der »Gattung« als am Individuum, da Fortschritt nur in der Gattung realisierbar ist, also auch nur die Gattung »Geschichte« hat – »Durch die Gattung, das heißt in der Geschichte«, heißt es in den *Reisebildern* (91) –, daraus resultierend wohl das geringere Interesse an den Kulturleistungen des Individuums, z. B. in Malerei, Musik und Literatur, da diese allein dem »gütigen« Zufall verdankt werden (91, vgl. allerdings 56ff.), 2. das geringere Interesse an Staat und Verfassung, deren Probleme sich ja nahezu auflösen, wenn in Hegels Theorie der Staat nicht die Entgegensetzung von Regierung und Volk ist, die »sich dann gegenseitig beschränken«, sondern die »Einheit des allgemeinen und besonderen Willens« (Oberndörfer/Jäger 1971, 112).

Um so interessanter ist es, wenn Hehn dem Staat doch einmal einen Eigenwert zuerkennt. Es geschieht im *Italien*-Buch anläßlich einiger Bemerkungen über die italienische Einheitsbewegung (99): Hehn lobt Piemont, weil es nüchtern und politisch handelte, und er vergleicht es in dieser Hinsicht mit Preußen. Was ihn veranlaßt, hier die Rolle des Staates herauszustreichen, ist das – übrigens durch ein Börne-Zitat bekräftigte – Mißvergnügen an den »völkischen« Phrasen der bürgerlich-liberalen Bewegung: »Vielleicht knüpft sich auch in Deutschland der Fortschritt nicht an diejenigen, deren drittes Wort deutsch ist« (99, vgl. auch *Nachlaß*, Schiemann 122), – ähnlich 1862 in einem Brief an Berkholz, der speziell die Jahn-Jünger aufs Korn nimmt: »Ein deutscher Politiker, der nicht anders liberal ist, als indem er eine Turnergebärde gegen Frankreich macht, von wo alle ihre Weisheit eigentlich stammt, wird mir sogleich verdächtig« (*Briefwechsel* 56, vgl. auch *Goethe* 188). Schon im Revolutionsjahr 1848 kommt diese reservierte Haltung gegenüber dem nationalistischen Geist der Paulskirche zum Ausdruck: Über dem deutschen Mutterland liege noch immer, heißt es in der Charakteristik der *Liv-, Est- und Kurländer*, »die Atmosphäre des Familiengeistes ...: wir wissen nicht, ob der seit kurzem dort angeblich umgehende politische Verstand in mehr besteht, als in glorioser Doktrin und metrischer und prosaischer Rhetorik« (103).

Solche Äußerungen mögen schon ein allererster Hinweis sein auf Hehns spätere Annäherung an staatskonforme Anschauungen und seine Bismarck-Verehrung in den Berliner Jahren nach 1873. Allerdings besteht die Gefahr, daß man – bei nur partieller Kenntnis des Gesamtwerkes – das Ausmaß der Wandlungen in Hehns politischer Einstellung überschätzt. So wird man wohl kaum – wie Mandelkow in seiner sonst so sorgfältig abwägenden Hehn-Analyse (1980, 88. 110. 119) – die Abrechnung mit den Goethe-Gegnern Heine und Börne im *Goethe*-Buch von 1887 als »antisemitische Rankünen« abqualifizieren können, denn Hehn beschreibt alle Volksphysiognomien – die englische und die russische ebenso wie die niederdeutsche – mit pointierter Schärfe, weil sie für ihn eben nichts weiter als »Naturformen« sind, die irgendwann zugunsten einer allgemeinen weltbürgerlichen Kultur überwunden werden müssen (*Reisebilder* VII, *Juden in Europa* 112). Und auch die Goethe-Interpretationen wird man wohl nicht ohne weiteres – wie es Mandelkow nahezulegen scheint (1980, 150ff.) – als Manifest einer Abkehr vom politischen Geist des Vormärz deuten können, denn Hehn definiert das Antipolitische als eine Eigentümlichkeit des deutschen Volksgeistes überhaupt und dies, wie gezeigt, in einem keineswegs positiven Sinne: »Wir sind ein Volk der Familie, des Privatlebens, des Gemütes« (*Hermann und Dorothea* 41, vgl. 74). Darüber hinaus macht sich in der Charakterisierung Goethes als eines unpolitisch-humanen Dichters die Hegelsche Dreistufenlehre bemerkbar. Konsequenterweise sieht Hehn daher Goethe als einen Erben der französischen Aufklärung, und er attackiert Dahlmann, einen Historiker der völkisch-organologischen Schule, der Winckelmann, Lessing, Goethe und Schiller in eine deutsch-protestantische Tradition zu stellen sucht (48 ff.). So schließt das Einleitungskapitel des *Hermann-und-Dorothea*-Buches mit dem eindrucksvollen Satz (den immerhin auch Mandelkow zitiert): »Nach Maß der Geschicke des Weltteils und der Geschichte der europäischen Menschheit im großen gemessen, ist der einzige Voltaire unendlich wichtiger als alle vier genannten Deutschen zusammen, und es müßte eine wahre Festlust für einen Historiker sein, seinen Einfluß zu schildern« (51).

Was Hehn nach Preußen und Berlin führt, ist wohl nicht zuletzt auch die Erwartung, hier ein zweites Piemont zu finden, weniger den »Rausch hohler Worte« als »Verstand und Willen« (*Goethe* 188, *Hermann und Dorothea* 44): Zumindest seine Bismarck-Verehrung hat ihren Ursprung in dem Bündnisvertrag, den Bismarck 1866 mit dem jungen italienischen Staat gegen Österreich, den Unterdrücker der italienischen Freiheit, schloß (Schrader 1891, 33). Um so mehr mögen ihn dann manche Vorgänge irritiert und desillusioniert haben, die er in der neuen Reichshauptstadt miterlebt: der ungesunde Wirtschaftsboom der »Gründerzeit«, das parvenühafte Gebaren mancher Neureicher, das Aufblühen einer großstädtischen Boulevardpresse (vgl. Stern 1978, 561 ff.). Herman Grimm beschreibt den alternden Hehn als »jemanden ..., dem sich nicht näher kommen lasse ... Er urtheilte meist schneidend, aber ohne Uebelwollen, während der Ton seiner Billette etwas sanft Verbindliches hatte« (1894, 941). So verbringt er seine letzten Lebensjahre als ein Vereinsamter und Vergrämter, und noch bis in den Tod hinein verfolgt ihn das Mißgeschick, daß die Zeitereignisse sein Leben und Werk und die Erinnerung daran zu verdunkeln drohen: Hehn stirbt am 21. März 1890, einen Tag nach der Entlassung Bismarcks aus dem Reichskanzleramt, einem Ereignis, das wochenlang alle Zeitungsspalten füllt und die Todesnachricht rasch vergessen läßt.

Literatur von und über Victor Hehn

Der erste Abschnitt bringt *Hehns Werke* in alphabetischer Reihenfolge unter dem Stichwort, mit dem sie im Text zitiert werden, der zweite Abschnitt die *Literatur über Hehn* in alphabetischer Reihenfolge unter den Autorennamen.

Briefe an Wichmann: Briefe Victor Hehns an seinen Freund Hermann Wichmann, Stuttgart 1890 (vgl. dazu: Die Grenzboten 50, 1891, S. 342-346). – *Briefwechsel*: Aus dem Briefwechsel zwischen Viktor Hehn und Georg Berkholz [hg. von H. Diederichs], in: Baltische Monatsschrift 39, 1897. – *Correspondenzen*: St. Petersburger Correspondenz, in: Baltische Monatsschrift 8, 1863, S. 278-286, 377-384, 548-562; ebdt. 9, 1864, S. 97-105, 257-266. – *De moribus*: De moribus Ruthenorum. Zur Charakteristik der russischen Volksseele. Tagebuchblätter aus den Jahren 1857 bis 1873. Hg. von Theodor Schiemann, Stuttgart 1892, Neudruck Osnabrück 1966. – *Faust*: Aus Victor Hehns Vorlesungen über Faust, mitgeteilt von Th. Schiemann, in: Goethe-Jahrbuch 14, 1894, S. 129-139; 16, 1895, S. 107-126. – *Goethe*: Gedanken über Goethe, Berlin 1887; ^{9}1909, 2 Bände, hg. von Karl Dürr, Bern 1946 (Sonderausg. des Kap.: Goethe und das Publikum, Gütersloh 1949. Nachwort von L. Mackensen, S. 215-223). – *Goethes Gedichte*: Über Goethes Gedichte. Von V. H. Aus dessen Nachlaß hg. von Eduard von der Hellen, Stuttgart 1911, ^{2}1912. – *Hermann und Dorothea*: Über Goethes Hermann und Dorothea. Von V. H. Aus dessen Nachlaß hg. von Albert Leitzmann und Theodor Schiemann, Stuttgart 1893, ^{3}1913. – *Homer*: Homer, in: Die Antike 3, 1927, S. 70-90 (»Anmerkung des Herausgebers« [W. Jaeger], S. 70). – *Humanismus*: Der Humanismus, in: Aus baltischer Geistesarbeit 2, 1908, S. 92-126. – *Italien*: Italien. Ansichten und Streiflichter, Petersburg 1867, Berlin ^{4}1892, ^{14}1917, Neudruck München 1943. – *Juden in Europa*: Blick auf die Geschichte der Juden in Europa, in: Baltische Monatsschrift 6, 1862, S. 93-112. – *Kulturpflanzen*: Kulturpflanzen und Haustiere in ihrem Übergang aus Asien nach Griechenland und Italien sowie das übrige Europa. Historisch-linguistische Studien, hg. von O.

Schrader mit botanischen Beiträgen von A. Engler und F. Pax, Berlin [8]1911; Nachdruck Hildesheim 1963, Litzenzausg. Darmstadt 1963 (Erstveröff. Berlin 1870). – *Liv-. Est- und Kurländer*: Über den Charakter der Liv-, Est- und Kurländer, in: Baltische Hefte 12, 1966, S. 103-112 (Erstveröff. anon. in: Inland 13, 1848, erster Wiederabdr. in: Baltische Monatsschrift 59, 1928, S. 587-596). – *Pernau*: Pernau, eine Handelsstadt und ein Seebad, in: Jahrbuch des baltischen Deutschtums in Lettland und Estland 1929, S. 111-115 (Erstveröff. anon. in: Inland 11, 1846). – *Physiognomie*: Über die Physiognomie der italienischen Landschaft, in: Aus baltischer Geistesarbeit 2, 1908, S. 76-91. – *Reise*: Italienische Reise [Auswahl aus *Italien* und *Reisebildern*], München o. J. (Nachwort von Josef Hofmiller, S. 236-242). – *Reisebilder*: Reisebilder aus Italien und Frankreich, hg. von Theodor Schiemann, Stuttgart 1894, [2]1906. – *Römer*: Zur Charakteristik der Römer. Mit einem Nachwort vorgelegt von Harald Fuchs, in: Die Antike 16, 1940, S. 161-172. Nachwort S. 172-175. – *Salz*: Das Salz. Eine kulturhistorische Studie, Berlin 1873; mit einem Nachwort von O. Schrader, [2]1901; neu hg. von K. Jagow (Insel-Buch 286), Leipzig 1919; (Libelli 112); Darmstadt 1964.

Benjamin 1966: Walter Benjamin, Einleitung zu Carl Gustav Jochmanns Rückschritten der Poesie, in: W. B., Angelus Novus. Ausgewählte Schriften 2, Frankfurt/Main 1966, S. 352-365. – *Bruns 1897*: Ivo Bruns, Schriften von und über Viktor Hehn, in: Preußische Jahrbücher 87, 1897, S. 101-111. – *Buchwald 1949*: Reinhard Buchwald, Goethezeit und Gegenwart. Die Wirkungen Goethes in der deutschen Geistesgeschichte, Stuttgart 1949. – *Dehio 1890*: Georg Dehio, Viktor Hehn, in: Die Grenzboten 49, 1890, S. 304-317. – *Deichgräber 1969*: Karl Deichgräber, Victor Hehn, in: Neue Deutsche Biographie 8, Berlin 1969, S. 236-238. – *Delbrück 1890*: Berthold Delbrück, Viktor Hehn, in: Preußische Jahrbücher 66, 1890, S. 32-62. – *Falkenheim 1901*: Hugo Falkenheim, Viktor Hehn, in: Das Neunzehnte Jahrhundert in Bildnissen, hg. von K. Werckmeister, Berlin 1901, S. 879-881. – *Girgensohn 1928*: Karl Girgensohn, Viktor Hehn, in: Baltisches Geistesleben 1, 1928, S. 155-172. – *Gottmann 1937*: Eugen Gottmann, Victor Hehns Goethebild, Kölner Phil. Diss., Köln 1937. – *Grimm 1894*: Herman Grimm, Bespr. von Schiemann 1894, in: Deutsche Literaturzeitung

15, 1894, Sp. 940-942. – *Harder 1942*: Richard Harder, Franz Bopp und die Indogermanistik, in: Nationalsozialistische Monatshefte 13, 1942, S. 751-761. – *Harnack 1888*: Harnack, Besprechung von V. Hehn, Gedanken über Goethe, in: Preußische Jahrbücher 62, 1888, S. 533-536. – *Heuss 1951*: Theodor Heuss, Viktor Hehn, in: Th. H., Deutsche Gestalten. Studien zum 19. Jahrhundert, Tübingen 1951, S. 166-174. – *Hofmiller 1952*: Josef Hofmiller, Viktor Hehns ›Goethe‹ (1933), in: J. H. Letzte Versuche, München 1952, S. 37-40. – *Holldack 1936*: Heinz Holldack, Victor Hehn und Ferdinand Gregorovius. Ein Beitrag zur Geschichte der deutschen Italienauffassung, in: Historische Zeitschrift 154, 1936, S. 285-310. – *Kraft 1972*: Werner Kraft, Carl Gustav Jochmann und sein Kreis. Zur deutschen Geistesgeschichte zwischen Aufklärung und Vormärz, München 1972. – *Laqueur 1965*: Walter Laqueur, Deutschland und Rußland, Berlin 1965. – *Losemann 1977*: Volker Losemann, Nationalsozialismus und Antike. Studien zur Entwicklung des Faches Alte Geschichte 1933-1945, Hamburg 1977. – *Mallory 1976*: James P. Mallory, Victor Hehn, in: Victor Hehn, Cultivated plants and domesticated animals in their migration from Asia to Europe, Amsterdam 1976, S. IX-XX. Ders., A short history of the Indo-European problem, ebdt., S. XXI-LXXV. – *Mandelkow 1980*: Karl Robert Mandelkow, Goethe in Deutschland. Rezeptionsgeschichte eines Klassikers, Bd. 1, 1773-1918, München 1980. – *Meyer 1897*: Richard M. Meyer, Viktor Hehn, in: R. M. M., Deutsche Charaktere, Berlin 1897, S. 177-181. – *Meyer 1956*: Klaus Meyer, Theodor Schiemann als politischer Publizist, Frankfurt/Main-Hamburg 1956. – *Neander 1963*: Irene Neander, Viktor Hehn, in: Baltische Hefte 9, 1963, S. 193-213. – *Necker 1887*: Moritz Necker, Viktor Hehns Gedanken über Goethe, in: Die Grenzboten 46, 1887, S. 582-592. – *Oberndörfer/Jäger 1971*: Klassiker der Staatsphilosophie, hg. von Dieter Oberndörfer und Wolfgang Jäger, Bd. 2, Stuttgart 1971. – *Oswald 1985*: Stefan Oswald, Italienbilder. Beiträge zur Wandlung der deutschen Italienauffassung 1770-1840, Heidelberg 1985. – *Pörksen 1981*: Uwe Pörksen, Plädoyer für politische Kultur. Über Carl Gustav Jochmann, in: Merkur 35, 1981, S. 198-204. – *Rehm 1951*: Walther Rehm, Viktor Hehn und Italien (1943), in: W. R., Götterstille und Göttertrauer. Aufsätze zur deutsch-antiken Begegnung, München 1951, S. 274-298. Ders., Viktor Hehns Weg zu Goethe, ebdt. S. 299-328. – *Requadt 1962*: Paul Requadt, Die

152Bildersprache der deutschen Italiendichtung von Goethe bis Benn, Bern-München 1962. – *Riedel 1969*: Manfred Riedel, Studien zu Hegels Rechtsphilosophie (edition suhrkamp 355), Frankfurt/Main 1969. – *Schiemann 1894*: Theodor Schiemann, Viktor Hehn. Ein Lebensbild, Stuttgart 1894. – *Schiemann 1905*: Theodor Schiemann, Victor Hehn, in: Allgemeine Deutsche Biographie 50, Berlin 1905, S. 115-121. – *Schrader 1891*: Anon. [Otto Schrader], Victor Hehn, in: Biographisches Jahrbuch für Alterthumskunde 14, 1891, S. 1-62 (Selbständig u.d.T.: Victor Hehn. Ein Bild seines Lebens und seiner Werke, Berlin 1891). – *Schrader 1912*: Otto Schrader, Die Anschauungen V. Hehns von der Herkunft unserer Kulturpflanzen und Haustiere im Lichte neuerer Forschung, Berlin 1912. – *Schrader 1913*: Otto Schrader, Viktor Hehn zu seinem 100sten Geburtstage, in: Die Geisteswissenschaften 1, H. 2, 1913, S. 33-35. – *Semel 1907*: Hugo Semel, Viktor Hehn. Eine Studie, Riga 1907 (= Baltische Monatsschrift 63, 1907, S. 41-65, 131-162). – *Stern 1978*: Fritz Stern, Gold und Eisen. Bismarck und sein Bankier Bleichröder, Frankfurt/Main-Berlin 1978. – *Stückrath 1979*: Jörn Stückrath, Historische Rezeptionsforschung. Ein kritischer Versuch zu ihrer Geschichte und Theorie, Stuttgart 1979 (darin: 2. Kap. Victor Hehns Studie über Goethe und das Publikum *(1887)*, S. 33-50, 134-135). – *Tellenbach 1982*: Gerd Tellenbach, »Mentalität« (1974), in: Ideologie und Herrschaft im Mittelalter, hg. von M. Kerner (Wege der Forschung 530), Darmstadt 1982, S. 385-407. – *Unger 1966*: Rudolf Unger, Viktor Hehn als Literarhistoriker (1924), in: R. U. Gesammelte Studien, 1. Bd., Berlin 1929, Neudruck Darmstadt 1966, S. 120-136. – *Wittram 1931*: Reinhard Wittram, Liberalismus baltischer Literaten. Zur Entstehung der baltischen politischen Presse, Riga 1931 (= Abhandlungen des Herder-Instituts 4, Riga 1932).

Der vorstehende Aufsatz des Herausgebers beruht auf einem Vortrag, der in den *studi tedeschi* (Istituto universitario orientale, Napoli) 33, 1990, S. 39-74, erschienen ist.

Zu dieser Ausgabe

insel taschenbuch 1427
Victor Hehn
Olive, Wein und Feige

Die ausgewählten Texte folgen der Ausgabe: Victor Hehn, Kulturpflanzen und Haustiere in ihrem Übergang aus Asien nach Griechenland und Italien sowie in das übrige Europa. Historisch-linguistische Studien. Herausgegeben von Otto Schrader. 8. Auflage, Berlin 1911. Textnachweise: Diese Auswahl: S. 12–24 = Originalausgabe: S. *1–10*; 24–26 = *14–17*; 26–28 = *60–63*; 29–59 = *65–85*; 60–64 = *95–98*; 65–88 = *103–118*; 89–91 = *122–124*; 91–92 = *144*; 92–94 = *162–163*; 95–96 = *488*; 96–98 = *522–524*.

Bildnachweise: *Bilderberg, Hamburg:* Abb. 3 (Foto: Eberhard Grames). Abb. 4; 5 (Fotos: Milan Horacek). *DuMont Buchverlag Köln:* Abb. 2;6 (Fotos: Wulf Ligges). *Joachim Kinkelin, Worms:* Umschlag; Abb. 1. *Marion Nickig, Essen:* Abb. 8. *Ernst Wrba, Sulzbach:* Abb. 7.

166/1/8.91

Kulturgeschichte
im insel taschenbuch

Das Leben und Sterben der Kindsmörderin Susanna Margaretha Brandt. Nach den Prozeßakten dargestellt von Siegfried Birkner. it 1190

Das Lesebuch vom Studium. Studienerfahrungen vom 13. Jahrhundert bis heute. Herausgegeben von Vera Pagin. Zusammengestellt von Sabine Baumann, Stefan Burk, Rolf Faust und Susanne Haertel. it 1214

Dagmar Müller-Staats: Klagen über Dienstboten. Eine Untersuchung über Dienstboten und ihre Herrschaften. Mit zahlreichen Abbildungen. it 683

George Ordish: Geschichte eines Gartens. Vom 16. Jahrhundert bis zur Gegenwart. Aus dem Englischen von Matthias Müller. Mit Zeichnungen von Alison Claire Darke. it 1143

Salzburg. Ein Städte-Lesebuch. Herausgegeben von Adolf Haslinger. Mit zahlreichen Abbildungen. it 1326

Heinrich Schliemann: Troja und Homer. Porträt eines Enthusiasten. Nach Schliemanns Aufzeichnungen entworfen von Wieland Schmied. Mit zahlreichen Abbildungen. it 1295

Michael Schroeder: Kleine Wappenkunst. Mit farbigen Abbildungen. it 1281

Ewald Gerhard Seeliger: Handbuch des Schwindels. Mit einem Vorwort von Jürgen Lodemann und einem Nachwort von Max Heigl. it 919

Was wir gespielt haben. Erinnerungen an die Kinderzeit. Herausgegeben von Ingeborg Weber-Kellermann und Regine Falkenberg. Mit zahlreichen Abbildungen. it 1371

Wie ein Mann ein fromm Weib soll machen. Mittelalterliche Lehren über Ehe und Haushalt. Herausgegeben, ins Neuhochdeutsche übertragen und mit einem Nachwort versehen von Michael Dallapiazza. it 745

Wiener Adressen. Ein kulturhistorischer Wegweiser mit Straßenplänen und Fotos von Dietmar Grieser. it 1203

Das Wiener Kaffeehaus. Herausgegeben von Kurt J. Heering. it 1318

Gabrielle Wittkop-Ménardeau: Unsere Kleidung. Aus der Geschichte der Moden bis zum Jahr 1939. Mit zahlreichen Abbildungen. it 774

166/2/8.91

Literatur und Reisen
im insel taschenbuch

Johann Friedrich Abegg: Reisetagebuch von 1798. Mit zahlreichen Abbildungen. Herausgegeben von Walter und Jolanda Abegg in Zusammenarbeit mit Zwi Batscha. it 1013

Alt-Prager Geschichten. Gesammelt von Peter Demetz. Mit Illustrationen von Hugo Steiner-Prag. it 613

Alt-Wiener Geschichten. Gesammelt von Joseph Peter Strelka. Mit sechs farbigen Abbildungen. it 784

Das andere Ferienbuch. Herausgegeben von Vera Pagin und Hans-Joachim Simm. it 1174

Ernst Batta: Obelisken. Ägyptische Obelisken und ihre Geschichte in Rom. it 765

– Römische Paläste und Villen. Annäherung an eine Stadt. Mit zahlreichen Abbildungen. it 1324

Berlin im Gedicht. Herausgegeben von Barbara und Walter Laufenberg. it 851

Bonn. Ein Städte-Lesebuch. Herausgegeben von Doris Maurer und Arnold E. Maurer. Mit zahlreichen Abbildungen. it 1224

Kai Brodersen: Die Sieben Weltwunder. Texte des Philon von Byzanz und anderen. Zweisprachige Ausgabe. Mit zahlreichen Abbildungen. it 1392

Capri. Ein Lesebuch. Herausgegeben von Hans Bender und Hans Georg Schwark. it 1077

Chicago. Die Stadt der Superlative. Herausgegeben von Esther Gallwitz. Mit zahlreichen Abbildungen. it 769

Dresden. Ein Reiselesebuch. Herausgegeben von Katrin Nitzschke. Unter Mitarbeit von Reinhard Eigenwill. Mit zahlreichen Abbildungen. it 1365

Das Ferienbuch. Literarische Souvenirs, aufgelesen von Vera Pagin und Hans-Joachim Simm. it 1082

Dominique Fernandez: Süditalienische Reise. Aus dem Französischen von Julia Kirchner. Mit farbigen Fotografien von Martin Thomas. it 1076

Flandern. Ein literarisches Landschaftsbild. Herausgegeben von Werner Jost und Joost de Geest. it 1254

Florenz. Lesarten einer Stadt. Herausgegeben von Andreas Beyer. Mit zahlreichen Illustrationen. it 633

Theodor Fontane: Jenseit des Tweed. Bilder und Briefe aus Schottland. Mit zahlreichen Abbildungen und einem Nachwort herausgegeben von Otto Drude. it 1066

158/1/8.91

Literatur und Reisen
im insel taschenbuch

Georg Forster: Ansichten vom Niederrhein, von Brabant, Flandern, Holland, England und Frankreich im April, Mai und Junius 1790. Herausgegeben von Gerhard Steiner. it 1136

– Reise um die Welt. Herausgegeben und mit einem Nachwort von Gerhard Steiner. it 757

Manuel Gasser: Spaziergang durch Italiens Küchen. Mit Bildern von Manfred Seelow. it 391

Johann Wolfgang Goethe: Italienische Reise. Mit vierzig Zeichnungen des Autors. Herausgegeben und mit einem Nachwort versehen von Christoph Michel. it 175

– Tagebuch der Italienischen Reise 1786. Notizen und Briefe aus Italien. Mit Skizzen und Zeichnungen des Autors. Herausgegeben und erläutert von Christoph Michel. it 176

– Tagebuch der ersten Schweizer Reise 1775. Goethes letzte Schweizer Reise. Mit den Zeichnungen des Autors und einem vollständigen Faksimile der Handschrift, herausgegeben und erläutert von Hans- Georg Dewitz. it 300/375

Hamburg. Ein Städte-Lesebuch. Herausgegeben von Eckart Kleßmann. it 1312

Heidelberg-Lesebuch. Stadt-Bilder von 1800 bis heute. Herausgegeben von Michael Buselmeier. it 913

Heinrich Heine: Briefe aus Berlin. Herausgegeben von Joseph A. Kruse. it 1322

– Italien. Mit farbigen Illustrationen von Paul Scheurich. it 1072

Werner Helwig: Capri. Magische Insel. Mit Fotografien von Benedikt Blatter, Herbert List und Werner Helwig. it 390

Hermann Hesse: Mit Hermann Hesse durch Italien. Ein Reisebegleiter durch Oberitalien. Mit farbigen Fotografien. Herausgegeben von Volker Michels. it 1120

Mit Hermann Hesse reisen. Betrachtungen und Gedichte. Herausgegeben von Volker Michels. it 1242

Istanbul. Herausgegeben von Esther Gallwitz. Mit Illustrationen von Thomas Allom. it 530

Samuel Johnson: Reisen nach den westlichen Inseln bei Schottland. Nach einer anonymen Übertragung aus dem Jahr 1775. Herausgegeben von Volker Wolf und Bernd Zabel. Mit zahlreichen Abbildungen. it 663

Erhart Kästner: Griechische Inseln. Aufzeichnungen aus dem Jahre 1944. Mit einem Nachwort von Heinrich Gremmels. it 118

158/2/8.91

Literatur und Reisen
im insel taschenbuch

Erhart Kästner: Die Lerchenschule. Aufzeichnungen von der Insel Delos. it 57
– Ölberge, Weinberge. Ein Griechenland-Buch. Mit Zeichnungen von Helmut Kaulbach. it 55
– Ölberge, Weinberge. Die Stundentrommel vom heiligen Berg Athos. 2 Bände in Kassette. it 55/56
– Die Stundentrommel vom heiligen Berg Athos. it 56
Kairo. Die Mutter aller Städte. Herausgegeben von Ursula Beyer. Mit zahlreichen Abbildungen. it 696
Kennst du das Land, wo die Zitronen blühn. Italien im deutschen Gedicht. Herausgegeben von Peter Hamm. it 927
Kunstführer durch Sachsen und Thüringen. Herausgegeben von Katharina Flügel. Mit farbigen Abbildungen. it 1327
Leipzig. Ein Städte-Lesebuch. Herausgegeben von Esther Gallwitz. it 1083
Carl von Linné: Lappländische Reise. Mit Zeichnungen des Autors. Aus dem Schwedischen übersetzt von H. C. Artmann unter Mitwirkung von Helli Clervall. it 102
Lissabon. Ein Städte-Lesebuch. Herausgegeben von Ellen Heinemann. Mit zahlreichen Abbildungen. it 1195
Literarischer Führer durch den Schwarzwald. Ein Insel-Reisebuch. Herausgegeben von Hans Bender und Fred Oberhauser. Mit zahlreichen Abbildungen. it 1330
Sigrun Bielfeldt: Literarischer Führer durch Moskau. Von Sigrun Bielfeldt. Mit zahlreichen Abbildungen. it 1382
London. Eine europäische Metropole in Texten und Bildern. Herausgegeben von Norbert Kohl. it 322
Loreley. Gedichte, Prosa, Bilder. Ein Lesebuch von Wolfgang Minaty. Mit zahlreichen Abbildungen. it 1065
Doris Maurer / Arnold E. Maurer: Literarischer Führer durch Italien. Ein Insel- Reiselexikon. Mit zahlreichen Abbildungen, Karten und Registern. it 1071
Günter Metken: Reisen als schöne Kunst betrachtet. Erlebtes und Gesehenes aus fernen Ländern. Mit Photographien von Sigrid Metken. it 639
Michel de Montaigne: Tagebuch einer Reise durch Italien. Aus dem Französischen von Otto Flake. it 1074
München. Ein Lesebuch. Herausgegeben von Reinhard Bauer und Ernst Piper. Mit zahlreichen Abbildungen. it 827
Paris. Deutsche Republikaner reisen. Herausgegeben von Karsten Witte. it 389

158/3/8.91

Literatur und Reisen im insel taschenbuch

Paris im Gedicht. Herausgegeben von Mona Wodsak. it 1253

Prag. Ein Lesebuch. Herausgegeben von Jana Halamíčková. Mit zahlreichen Abbildungen. it 994

Heddy Pross-Weerth: Moskau. Von der Siedlung im Wald zur Kapitale einer Weltmacht. it 467

Marcel Proust / Eugène Atget: Ein Bild von Paris. Texte und Photographien. Herausgegeben von Arthur D. Trottenberg. it 669

Der Rhein. Seine poetische Geschichte in Texten und Bildern. Herausgegeben von Helmut J. Schneider. it 624

Rom. Ein Städtelesebuch. Herausgegeben von Michael Worbs. it 921

Rom im Gedicht. Herausgegeben von Pascal Morché. it 1176

Salzburg. Ein Städte-Lesebuch. Herausgegeben von Adolf Haslinger. Mit zahlreichen Abbildungen. it 1326

Schleswig-Holstein. Ein Reiselesebuch. Herausgegeben von Dieter-Alpheo Müller und Fred Oberhauser. Mit zahlreichen Abbildungen. it 1393

Stendhal: Rom, Neapel und Florenz im Jahre 1817. Aus dem Französischen von Katharina Scheinfuß und Bernhard Frank. it 1073

Südtirol. Ein literarisches Landschaftsbild. Herausgegeben von Dominik Jost. it 1317

Toskana. Ein literarisches Landschaftsbild. Herausgegeben von Andreas Beyer. Mit Fotografien von Loretto Buti. it 926

Tübingen. Ein Städte- Lesebuch. Herausgegeben von Gert Ueding. Mit zahlreichen Abbildungen. it 1246

Venedig. Herausgegeben von Doris Maurer und Arnold E. Maurer. Mit zahlreichen Abbildungen. it 626

Venedig im Gedicht. Herausgegeben von Pascal Morché. it 920

Der Vesuv. Gedichte, Prosa, Bilder über den brennenden Berg. Gesammelt von Dieter Richter. Mit zahlreichen Abbildungen. it 1245

Warum in die Ferne? Das Lesebuch vom Daheimbleiben. Eingerichtet von Hans Christian Kosler. it 1332

Westfalen. Ein Reiselesebuch. Herausgegeben von Hans Georg Schwark und Fred Oberhauser. Mit zahlreichen Abbildungen. it 1394

Wiener Adressen. Ein kulturhistorischer Wegweiser von Dietmar Grieser. it 1203

158/4/8.91